法廷通訳ハンドブック実践編

【フランス語】

最高裁判所事務総局

はじめに

法廷通訳については，通訳の対象が法廷という極めて特殊な状況での会話であるために，通訳一般で必要とされる十分な語学力に加えて，法廷通訳に求められる特別の心構えや刑事手続の基本的な知識を身につける必要があります。そして，経験を積む中で，刑事手続への理解を深め，事実に争いがある否認事件等の複雑な手続や，控訴審などの通常の第一審と異なる手続の通訳もこなせるようなレベルにまで，能力を向上させていくことが期待されます。このようなレベルに達するには，法廷での特殊な用語，法律的な知識など法廷通訳に特有の事項をよく理解することが必要となります。

本書は，そのための手助けになるように，できるだけ実践的な内容とすることを心がけ，第１編では刑事手続の流れに沿って，通訳人からよく質問される事項をＱ＆Ａの形でまとめ，第２編では，控訴審の手続をできるだけ平易に説明するとともに，第３編及び第４編では，法廷で使用されることの多いやりとりの具体例や，法律用語などの通訳例をできる限り網羅的に掲載することを心がけました。

本書が広く刑事裁判の通訳に当たる方の一助となれば幸いです。

令和３年２月

最高裁判所事務総局刑事局

目　次

第１編　刑事裁判手続における通訳人の留意事項 …………………… 1

第１章　一般的注意事項 …………………………………………… 1

第２章　勾留質問手続 ……………………………………………… 3

第３章　起訴後第１回公判期日前まで …………………………… 4

第１節　起訴 …………………………………………………… 4

第２節　起訴状概要の翻訳文の送付 ………………………… 4

1　趣旨 ……………………………………………………… 4

2　実施の方法 ……………………………………………… 4

第３節　法廷通訳の依頼 ……………………………………… 5

第４節　公判前整理手続 ……………………………………… 7

第５節　第１回公判期日の指定 ……………………………… 9

第６節　裁判所と通訳人との連絡及び通訳人の事前準備 ….. 10

第７節　弁護人の接見への同行 ……………………………… 12

第４章　公判手続 ………………………………………………… 16

第１節　法廷通訳一般 ………………………………………… 16

第２節　開廷前の準備 ………………………………………… 19

第３節　公判廷での手続 ……………………………………… 20

1　通訳人の宣誓等 ………………………………………… 20

2　被告人に対する宣誓手続等についての説明 ………… 21

3　被告人の人定質問 ……………………………………… 21

4　起訴状朗読 ……………………………………………… 21

5　黙秘権の告知 …………………………………………… 22

6　事件に対する被告人の陳述 …………………………… 22

7　弁護人の意見 …………………………………… 22
8　ワイヤレス通訳システムの利用 ……………… 23
9　証拠調べ手続 ……………………………………… 24
（1）冒頭陳述 ………………………………………… 24
（2）検察官からの証拠申請 ………………………… 25
（3）検察官の証拠申請に対する弁護人の意見 …… 25
（4）裁判所の証拠採否（証拠を採用するか却下するか）の決定 …… 25
（5）採用された証拠の取調べ ……………………… 26
ア　証拠書類の内容の要旨の告知（又は朗読） …… 26
イ　証拠物の展示 ……………………………………… 26
（6）証人尋問 ………………………………………… 26
ア　証人の宣誓及び虚偽の証言に対する注意 …… 26
イ　通訳の方法 ………………………………………… 26
(ア)　外国語を使用する証人の場合 ………………… 26
(イ)　日本語を使用する証人の場合 ………………… 27
ウ　証人の不安や緊張等を緩和するための措置 …… 27
(ア)　付添い ……………………………………………… 28
(イ)　遮へい ……………………………………………… 28
(ウ)　ビデオリンク ……………………………………… 28
エ　証人等特定事項の秘匿 …………………………… 28
10　被告人質問 ………………………………………… 34
11　論告 ………………………………………………… 35
12　弁護人による弁論 ………………………………… 36
13　被告人の最終陳述 ………………………………… 36

14　次回期日の指定 …… 37
15　判決宣告の手続 …… 37
16　上訴期間等の告知 …… 39
17　即決裁判手続 …… 39
第４節　裁判員裁判 …… 40
第５節　被害者参加 …… 42
第５章　その他の留意事項 …… 43
第２編　控訴審における刑事手続の概要 …… 45
第１章　控訴審とは …… 45
1　上訴制度 …… 45
2　控訴審の役割 …… 45
第２章　控訴の申立て等 …… 45
1　控訴の提起期間 …… 45
2　申立ての方式 …… 46
3　上訴の放棄 …… 46
4　上訴の取下げ …… 46
第３章　控訴審の手続 …… 46
第１節　控訴審の第１回公判期日までの手続 …… 46
1　弁護人選任に関する手続 …… 46
2　通訳人の選任に関する手続 …… 47
3　被告人の移送 …… 47
4　控訴趣意書の提出 …… 47
5　答弁書の提出 …… 48
6　第１回公判期日の指定と被告人の召喚 …… 48
第２節　控訴審における公判審理 …… 49

1　概要 …… 49
2　公判期日の手続の流れ …… 49
（1）通訳人の人定尋問と宣誓 …… 49
（2）被告人の人定質問 …… 49
（3）控訴趣意書に基づく弁論 …… 50
（4）控訴趣意書に対する相手方の意見（答弁） …… 51
（5）事実の取調べ …… 51
（6）事実の取調べの結果に基づく弁論 …… 52
（7）次回公判期日の指定・告知 …… 52
3　判決宣告期日 …… 52
第3編　法廷通訳参考例 …… 53
第1章　勾留質問手続 …… 54
1　前置き …… 54
2　黙秘権の告知 …… 54
3　弁護人選任権の告知 …… 54
4　勾留の要件の説明 …… 56
5　勾留の期間の説明 …… 56
6　被疑事実の告知 …… 56
7　被疑事実に対する陳述 …… 58
8　勾留通知先 …… 58
9　領事機関への通報 …… 60
10　読み聞け …… 60
第2章　公判手続 …… 60
1　開廷宣言 …… 60
2　通訳人の宣誓 …… 60

3　人定質問 …… 60
4　起訴状朗読 …… 62
5　黙秘権の告知 …… 62
6　被告事件に対する陳述 …… 64
7　弁護人の意見 …… 64
8　検察官の冒頭陳述 …… 64
9　弁護人の冒頭陳述 …… 66
10　公判前整理手続の結果顕出 …… 66
11　証拠調べ請求 …… 66
12　証拠（書証・証拠物）請求に対する意見 …… 68
13　書証の要旨の告知・証拠物の展示 …… 70
14　証人申請 …… 72
15　証人申請に対する意見及び証人の採用 …… 74
16　証人の尋問手続 …… 74
（1）証人の宣誓 …… 74
（2）異議申立て及びその裁定 …… 76
（3）証人尋問の終了 …… 76
17　その他の手続 …… 76
（1）弁論の併合決定 …… 76
（2）訴因及び罰条等の変更 …… 76
（3）被害者特定事項の秘匿決定後，被害者の呼称の定めがされた場合 …… 78
（4）被害者参加許可決定 …… 78
（5）被害者等の被害に関する心情その他の被告事件に関する意見陳述 …… 78

（6）即決裁判手続 …… 80
ア　被告事件に対する有罪の陳述 …… 80
イ　弁護人の意見 …… 80
ウ　即決裁判手続によって審判する旨の決定 …… 82
エ　証拠調べ請求等 …… 82
18　論告 …… 82
19　被害者参加人の弁論としての意見陳述 …… 84
20　弁護人の弁論 …… 86
（1）出入国管理及び難民認定法違反（自白事件）の例 …… 86
（2）窃盗（否認事件）の例 …… 88
21　被告人の最終陳述 …… 90
22　公判期日の告知 …… 90
（1）次回公判期日の告知 …… 90
（2）判決言渡期日の告知 …… 90
23　判決宣告 …… 90
24　刑の全部の執行猶予の説明 …… 92
（1）身柄拘束中の被告人の刑の全部の執行猶予 …… 92
（2）既に不法残留になっている被告人の刑の全部の執行猶予 …… 94
25　刑の一部の執行猶予の説明 …… 94
26　未決勾留日数の説明 …… 96
27　保護観察の説明 …… 96
28　上訴権の告知 …… 98
第3章　第一審における判決主文の例 …… 98

1　有罪の場合 …………………………………… 98
（1）主刑 ………………………………………… 98
ア　基本型 ……………………………………… 98
イ　少年に不定期刑を言い渡す場合 ………… 98
ウ　併科の場合 ………………………………… 100
エ　主文が２つになる場合 …………………… 100
（2）未決勾留日数の算入 ……………………… 100
ア　基本型 ……………………………………… 100
イ　本刑が数個ある場合 ……………………… 100
ウ　本刑が罰金・科料の場合 ………………… 100
エ　刑期・金額の全部に算入する場合 ……… 100
（3）労役場留置 ………………………………… 102
ア　基本型 ……………………………………… 102
イ　端数の出る場合 …………………………… 102
（4）刑の全部の執行猶予 ……………………… 102
（5）刑の一部の執行猶予の場合 ……………… 104
（6）保護観察 …………………………………… 104
（7）補導処分 …………………………………… 104
（8）没収 ………………………………………… 104
ア　基本型 ……………………………………… 104
イ　偽造・変造部分の没収 …………………… 104
ウ　裁判所が押収していない物の没収 ……… 104
エ　犯罪被害財産の没収 ……………………… 106
（9）追徴 ………………………………………… 106
ア　基本型 ……………………………………… 106

イ　犯罪被害財産の価額の追徴 …………………… 106
(10) 被害者還付 …………………………………… 106
ア　基本型 ………………………………………… 106
イ　被害者不明の場合 …………………………… 106
ウ　被害者が死亡した場合 ………………………108
(11) 仮納付 ……………………………………… 108
(12) 訴訟費用の負担 ………………………………… 108
(13) 刑の執行の減軽又は免除 ……………………… 108
(14) 刑の免除 …………………………………… 108
2　無罪・一部無罪の場合 ……………………… 110
(1) 無罪 ………………………………………… 110
(2) 一部無罪 …………………………………… 110
3　その他の場合 ………………………………… 110
(1) 免訴 ………………………………………… 110
(2) 公訴棄却 …………………………………… 110
(3) 管轄違い …………………………………… 110
第4章　控訴審における判決主文の例 ………………… 110
1　控訴棄却・破棄 ……………………………… 110
(1) 控訴棄却 …………………………………… 110
(2) 破棄自判 …………………………………… 110
(3) 破棄差戻し ………………………………… 112
(4) 破棄移送 …………………………………… 112
2　未決勾留日数の算入 ………………………… 112
3　訴訟費用の負担 ……………………………… 114
第5章　第一審における判決理由 …………………… 114

1　罪となるべき事実 …………………………………… 114
（1）不正作出支払用カード電磁的記録供用罪及び
　　窃盗罪の例 …………………………………………… 114
（2）殺人罪の例（確定的故意の場合） ………………… 116
（3）殺人罪の例（未必的故意の場合） ………………… 118
（4）傷害罪の例 …………………………………………… 120
（5）窃盗罪（万引）の例 ………………………………… 120
（6）窃盗罪（すり）の例 ………………………………… 120
（7）強盗致死罪の例 ……………………………………… 122
（8）詐欺罪の例 …………………………………………… 124
（9）覚醒剤取締法違反罪の例 …………………………… 124
（10）大麻取締法違反罪の例 ……………………………… 126
（11）麻薬及び向精神薬取締法違反罪の例 ……………… 126
（12）売春防止法違反罪の例 ……………………………… 128
（13）過失運転致傷罪の例 ………………………………… 128
（14）銃砲刀剣類所持等取締法違反罪の例 ……………… 130
（15）出入国管理及び難民認定法違反罪の例 …………… 130
（16）教唆の例（窃盗） …………………………………… 132
（17）幇助の例（窃盗） …………………………………… 132
2　証拠の標目 …………………………………………… 134
3　累犯前科 ……………………………………………… 136
4　確定判決 ……………………………………………… 136
5　法令の適用 …………………………………………… 136
6　量刑の理由 …………………………………………… 138
　出入国管理及び難民認定法違反の例 ………………… 138

第６章　控訴審における判決理由 …… 140
１　理由の冒頭部分 …… 140
２　理由の本論部分 …… 140
（１）控訴棄却 …… 140
（２）破棄自判 …… 144
３　法令の適用部分 …… 146
（１）控訴棄却 …… 146
（２）破棄自判 …… 146
（３）破棄差戻し …… 148
第４編　法律用語等の対訳 …… 153
第１章　法律用語の対訳 …… 153
第２章　法令名 …… 206
第３章　罪名 …… 217

資料 …… 235
証拠等関係カードの略語表 …… 235
第一審手続概要 …… 237
控訴審手続概要 …… 239

第１編

刑事裁判手続における通訳人の留意事項

第１編　刑事裁判手続における通訳人の留意事項

ここでは，通訳を必要とする刑事裁判での手続に即して，しばしば問題となる事項又は通訳人が留意すべき事項について説明します。法廷等で使用される用語の訳語については，５３ページの「法廷通訳参考例」又は１５３ページの「法律用語等の対訳」を参照してください。

第１章　一般的注意事項

①Q　法廷通訳は，一般の通訳と比べてどのような特徴がありますか。

A　法廷でのやりとりのうち，証人尋問や被告人質問は，その結果得られた証言や供述が，裁判の証拠として，犯罪事実の認定や刑の量定の基礎になる特に重要なものですから，すべての発言を逐語訳で行う必要があるという特徴があります。例えば，証人が証言内容を発言直後に訂正した場合には，訂正後の内容だけでなく訂正前の内容についてもそのまま通訳してください。

法廷での裁判官と検察官，弁護人とのやりとりについては，裁判長が必要な事項を要約することが多いと思われます。通訳すべき範囲を自分で判断するのではなく，裁判長の指示に従って通訳を行ってください。

②Q　通訳人として守らなければならないことは何ですか。

A　良心に従って誠実に通訳をしてください。通訳をするに当たって，そのことを宣誓していただくことになります。また，裁判は，偏りのない公正な手続で行う必要がありますから，通訳人も，通訳するに当たっては，立場上中立公正さを疑われるような行動をとってはいけません。もしも，被告人や証人と知り合いであるなどの事情がある場合には，直ちに裁判所に申し出てください。

また，被告人又はその関係者に対しては，自分の氏名，住所，電話番号を教えないようにし，個人的に接触する機会を与えないでください。一緒に飲食をしたり，贈物を受け取るなどの行為は絶対にしないでください。

さらに，裁判の過程で知った事件に関する事項については，絶対に他に漏らさないでください。裁判所や検察官，弁護人から事前に送付を受けた書面については，その保管に注意するとともに，他人の目に触れることのないよう注意してください。

③Q　証人や被告人の発言を逐語訳したり，法廷でのやりとりを記憶しておくのは，大変なことだと思いますが，法廷に立ち会う際，どのような準備，工夫をすればよいですか。

A　法廷に立ち会う際には，自分の記憶だけに頼るのではなく，メモを取っておくことが不可欠です。メモを取る際には，自分の理解しやすい記号や略語を用いたり，訴訟関係人の発言の順序などについて図式化して記録するなど，適宜工夫をするとよいでしょう。

また，日ごろから，メモ取りをはじめとする様々なトレーニングを行い，通訳スキルの更なる向上を心がけておくことも重要です。

第２章　勾留質問手続

逮捕された被疑者を引き続き留置しようとする場合，検察官は裁判官に対して勾留請求を行います。裁判官は資料を検討し，被疑事実に関する被疑者の言い分を聞いた上で，勾留するかどうか決めることになります。この言い分を聞く手続が勾留質問です。勾留質問は，裁判所の勾留質問室で行われます。被疑者が日本語を理解できない場合には，通訳人を介してこの手続を行うことになります。

Q　通訳人の人定尋問の際，被疑者に通訳人の氏名や住所を知られることはありませんか。被疑者に氏名や住所等を知られたくない場合には，どうしたらよいですか。

A　裁判所では，通訳人の氏名，住所などの個人情報について，慎重に取り扱うよう配慮しています。

勾留質問手続においては，裁判官は，通訳人の人定尋問の際，あらかじめ人定事項を記載した書面をもとに「このとおりですね。」などと確認する形で人定尋問を行うのが一般的です。

念のため事前に裁判所書記官（以下「書記官」といいます。）に対してそのような希望を申し出てください。

第3章　起訴後第1回公判期日前まで

第1節　起訴

刑事裁判は，検察官が裁判所に対して裁判を求めることによって開始されます。これを起訴又は公訴の提起といい，具体的には，検察官が，起訴状を裁判所に提出して行います。起訴状には，被告人の氏名，生年月日，住居など被告人を特定する事項，公訴事実，罪名及び罰条が記載されています。

起訴があると，それまで被疑者に対する被疑事件であったものが被告人に対する被告事件となって，裁判所で審理される状態になります。

第2節　起訴状概要の翻訳文の送付

1　趣旨

裁判所では，起訴があった場合，起訴状の概要を被告人の理解できる言語に翻訳した上，第1回公判期日前のできるだけ早い時期にその翻訳文を被告人に送付するという取扱いを行っています。これは，日本語を理解しない被告人に早期に起訴状の内容を理解させて，被告人の防御権を実質的に保障するとともに，公判審理の充実を図ろうとするものです。

2　実施の方法

起訴状概要の翻訳文を送付する運用を円滑に実施するため，典型的な公訴事実の要旨を翻訳した文例集が作成され，それぞれの地方裁判所に用意されています。

裁判所は，翻訳文を送付する際には，通訳人予定者等に，日本語で作成した起訴状記載の公訴事実の要旨，罪名及び罰条について翻訳を依頼し，翻訳文を作成してもらうこともあります。その際，先に述べた翻訳文例の翻訳例を参考にしていただくとよいと思います。出来上がった翻訳文は，裁判所から被告人に送付しています。

1に記載した趣旨から，翻訳文の作成を依頼された場合には，速やかに翻訳文を作成して提出してください。

なお，この翻訳料は，通訳人に対する通訳料とは別に，翻訳内容に応じて支給されます。

Q　裁判所から翻訳の依頼があった場合に留意する事項は何ですか。

A　書記官から，翻訳言語，提出期限などを示してお願いしますので，特に提出期限に留意してください。また，担当の書記官の氏名や連絡先を聞いておくと，疑問点が生じた場合に照会するのに便利です。

第3節　法廷通訳の依頼

要通訳事件では，適格な通訳人を選任することが極めて重要ですが，適格な通訳人であるためには，十分な語学力を有するとともに，中立公正であることが必要です。

この点，捜査段階で付された通訳人を法廷における通訳人として選任することについては，裁判の公正に対する無用の疑念を生じさせたり，捜査段階の通訳人の面前では，取調べ時に供述したことに心理的に影響されて，被告人が公判廷で自由に言い分を言えないおそれも考えられることから，法廷通訳には，できる限り捜査段階の通訳人と別の通訳人を選任することが望ましいと考えています。実際にも特段の事情のある場合を除き，別の通訳人を選任する運用がされています。

①Q　裁判所から通訳の依頼があった場合に確認しておく事項は何ですか。

A　①裁判所名，②担当裁判部と書記官の氏名，③電話番号，④通訳言語，⑤事件名，⑥被告人の氏名，⑦公判期日，⑧公判の予定所要時間，⑨弁護人が決まっていればその氏名と連絡先，⑩弁護人の国選，私選の別，⑪公判前整理手続や，即決裁判手続による審理が予定されているか，⑫裁判員の参加する裁判（以下「裁判員裁判」といいます。）であるかどうかなどを確認しておくとよいと思います。また，被告人が複数になると公判時間が長くなるとともに別々の日時に接見に同行することになるため，時間を要することに留意してください。

②Q　捜査段階で通訳した事件について法廷通訳を依頼された場合にはどうしたらよいですか。また，捜査段階で共犯者の通訳を行っている場合はどうですか。

A　裁判所は，捜査段階でどのような通訳人が付いたのかを知らないのが通常です。したがって，まずその旨を書記官に伝えてください。そのような場合には基本的には他の通訳人に依頼することになりますが，他に適格な通訳人の確保が困難な場合には通訳を再度依頼することもあります。その場合には御協力をお願いします。なお，共犯者の通訳の場合も基本的には同様です。

第４節　公判前整理手続

公判前整理手続とは，充実した公判審理を集中的・連日的に行うことを目的として，裁判所が，検察官及び弁護人の出席のもとで行う非公開の手続をいいます（事案によっては，検察官及び弁護人が出席せず，書面のやりとりによって行うこともあります。）。

公判前整理手続は，裁判員対象事件では必ず実施されますし，それ以外の事件では，裁判所が，充実した審理を集中的・連日的に行うために必要であると認めた場合に実施されます。そこでは，①事件の争点は何なのか，②公判において，どの証拠を，どういった順序で取り調べるのか，③公判期日をいつ行い，その期日での具体的な進行はどうするのかなどといったことが決められます。

公判前整理手続においては，被告人は，裁判所が特に出頭を求めない限り，その期日に出頭する義務はありません。したがって，被告人が期日への出頭を希望せず，裁判所でも特に出頭を求めない場合には，被告人不出頭のままで行われます。

①Q　公判前整理手続で通訳を行うことはありますか。

A　公判前整理手続期日に日本語を理解しない被告人が出頭する場合には，そこで行われた手続について通訳を行うことになります。なお，被告人が出頭しない公判前整理手続期日について通訳を依頼することはありませんが，期日直前になって被告人が出頭することになった場合には，急に通訳を依頼することもありますので，その場合には御協力をお願いします。

②Q　公判前整理手続では，公判審理に比べて，通訳はかなり困難なものになるのではないですか。

A　公判審理に比べて，難しい手続が行われるわけではありませんが，事案によっては，裁判所と当事者との間で，専門的な法律用語を用いた細かいやりとりがされることもあります。裁判所としても，当事者間のやりとりをある程度裁判官の方で要約した上で通訳をお願いしたり，なるべく通訳しやすいやりとりとなるよう配慮したりしますが，もし，通訳しにくいと感じた場合には，裁判官にその旨伝えてください。また，通訳のやり方について，あらかじめ裁判所と相談しておくことも考えられます。

③Q　公判前整理手続が実施された事件の審理について，通常の事件と異なる点はありますか。

A　公判前整理手続が実施された事件では，その後の公判期日において，検察官の冒頭陳述の終了後，弁護人の冒頭陳述（弁護側の主張があるとき）及び公判前整理手続の結果を明らかにする手続（66ページの参考例参照）が行われます。

また，証拠申請やこれに対する意見の聴取，証拠を取り調べるかどうかなどに関する裁判所の決定は，通常，公判前整理手続で既に行われているため，冒頭陳述や結果顕出の手続が終了した後は，引き続き証拠の取調べが行われます。

第5節　第1回公判期日の指定

裁判所が公判の期日を指定する際には，あらかじめ通訳人との間で日程の調整を行った上で期日の指定を行っています。

また，弁護人は，第1回公判期日前（公判前整理手続期日が開かれる場合には，その第1回期日前）に被告人と接見し，日本の刑事裁判手続や起訴状の内容等を説明するとともに，事件について打合せをする必要がありますので，裁判所は，それらに要する日数にも配慮して期日を指定しています。

Q　期日の打合せをする上で留意すべき事項は何ですか。

A　公判後に予定を入れている場合等で時間に制約があるときには，「何時から次の予定が入っていますから，何時までしかできません。」というふうに，具体的に書記官に伝えてください。また，その期日については通訳をすることが可能な場合でも，その期日の直後から旅行に出かけるとか，他の仕事の関係などでしばらく法廷通訳を引き受けられない場合には，「いつからいつまでは引き受けられません。」ということを，事件の依頼があった際にはっきり伝えてください。

第6節　裁判所と通訳人との連絡及び通訳人の事前準備

通訳人として選任されることが決まった場合には，書記官から，第１回公判期日の通知（公判前整理手続期日に被告人が出頭する場合には，その期日の通知）がされるとともに，当該期日に在廷してほしいという依頼があります。また，法廷通訳の準備のために，起訴状写しを郵便等で送付します（公判前整理手続の場合には，当事者から提出された書面が送付される場合もあります。）。裁判所によっては，起訴状写しなどとともに，裁判部（裁判官名），書記官名，裁判部の電話番号，被告人の勾留場所，裁判所の近辺の地図等の必要事項を記載した事務連絡文書を送付することもあります。

なお，第１回公判期日前には，通訳人の準備のために検察官が作成した冒頭陳述書又は冒頭陳述メモ，書証の朗読（要旨の告知）のためのメモ（結審予定の場合には，さらに検察官作成の論告要旨，弁護人作成の弁論要旨）が交付されるのが一般的です。

①Q　法廷通訳の経験のない通訳人の場合，事前の準備としてどのようなことが考えられますか。

A　事前に他の事件の法廷傍聴をしておくこと，法廷通訳ハンドブックを読むなどして勉強しておくこと，刑事裁判手続を分かりやすく説明した外国人事件用ビデオを裁判所で見せてもらうこと，裁判官又は書記官から手続の説明を受ける機会があればそれも活用することなどにより，刑事裁判手続の流れや法律用語などについて勉強しておくのがよいでしょう。また，冒頭陳述書等をできるだけ早く入手できるように，書記官から検察官や弁護人に伝えてもらうとよいでしょう。さらに，法廷に立ち会う際には，メモ取りの準備をしておくことが不可欠ですし，日ごろから通訳スキルを磨くための様々なトレーニングをしておくことも重要です（第１編第１章③Q＆A（２ページ）参照）。

②Q　通訳の準備のために，検察庁に事件の記録を見に行くことはできますか。

A　公判前の段階では，事件に関する書類は非公開とされていますから，一般的には見ることはできません。

③Q　どのような書面が事前に通訳人に交付されています

か。

A　事件によって異なりますが，一般的には，冒頭陳述書又は冒頭陳述メモ，書証の朗読（要旨の告知）のためのメモ，論告要旨，弁論要旨が交付されています。

なお，このように通訳人には準備のため訴訟に関する書面が交付されますが，これらの書面は一切他に見せてはいけません。

④Q　事前に交付された書面によく分からない点がある場合にはどうしたらよいですか。

A　書面を作成した検察官，弁護人に確認することが望ましいと思われます。一般的な法律用語の意味の確認程度であれば，とりあえず書記官に確認するということでもよいでしょう。

なお，法廷で提出される前の段階では，このような書面は，裁判所の手元にはないことを承知しておいてください。

第７節　弁護人の接見への同行

外国人被告人の場合，日本の裁判制度に対する知識がほとんどないことが原因で不安に陥ることが少なくありません。弁護人はその職務として，起訴後できるだけ早い時期に被告人と接見し，起訴状の内容を説明して言い分を聴くとともに，日本の裁判制度等についても十分に説明することが求められています。

そこで，国選弁護事件においては，裁判所では弁護人に対して，あらかじめ通訳人予定者の氏名，電話番号等を通知し，弁護人が希望すれば通訳人予定者を接見に同行できるように配慮することにしています。

また，一定の事件については，起訴される前の段階で，被疑者の請求により国選弁護人が選任されることがあります。この場合には，国選弁護人や国選弁護人の候補者の指名等に関する業務を行う日本司法支援センター（法テラス）から，接見への同行を依頼されることがあります。

したがって，裁判所や国選弁護人等からそのような依頼があれば，御協力をお願いします。

なお，国選弁護事件において，弁護人の接見に通訳人が同行した場合には，弁護人から報酬や費用の支払を受けることができます。

①Q　弁護人の接見に同席した場合に留意すべき事項は何ですか。

A　被告人から尋ねられても，絶対に自己の氏名や連絡先を教えてはいけません。被告人から理由を尋ねられた場合には，「教えてはいけないことになっています。」と答えてください。

また，弁護人にも通訳人の氏名等を被告人に対して紹介することのないよう話をしておくとよいでしょう。

さらに，接見の際に，被告人の話し方の癖等を把握しておくと，法廷通訳をする際に役立ちます。

②Q　接見の通訳をした際に，アクセントが強かったり，方言が交じっていたりして被告人の話す言葉が分かりづらかったり，逆に被告人が通訳人の通訳内容を理解していないと思われた場合には，どうしたらよいですか。

A　弁護人にその旨を告げるとともに，書記官にもそのことを伝えてください。コミュニケーションがどの程度取れているのか，取りにくい原因は何かなどを考慮して，裁判官が，被告人にゆっくりあるいは繰り返し話すように促すことでまかなえるかどうか，又は通訳人の交替をしてもらうかなどの措置を検討することになります。

③Q　被告人が他の言語の通訳を希望している場合にはどうしたらよいですか。

A　被告人の希望を書記官に伝えてください。同時に，そのままの言語でも意思疎通が可能である場合にはそのことを伝えるとともに，その程度などについても伝えてください。

④Q　被告人から，裁判の見通しについて尋ねられた場合にはどうすればよいですか。

A　「通訳人はそのような質問に答えてはいけないことになっています。弁護人に相談してください。」と答えるべきです。勝手に見通しを告げることはしないでください。

⑤Q　被告人から，家族に手紙を渡してほしいとか，差し入れをするように家族に頼んでほしいというようなことを頼まれた場合にはどうしたらよいですか。

A　「通訳人はそのようなことをしてはいけないことになっています。弁護人に相談してください。」と答えるべきです。

⑥Q　弁護人から，被告人に差し入れをするよう被告人の家族に頼んでほしいと依頼された場合にはどうしたらよいでしょうか。

A　自分で依頼の適否について判断するのではなく，「裁判所に確認を取ってからでないとできませんので，裁判所に依頼の趣旨を伝え，確認を取ってください。」と言ってください。

⑦Q　被疑者段階での接見に同行した場合と，起訴後の接見に同行した場合とで，留意すべき点に違いはありますか。

A　基本的には，どちらの接見においても留意点に違いはありません。

ただし，被疑者段階では，事件はまだ裁判所において審理すべき状態にあるわけではないので，裁判官や書記官から具体的な指示を受けることはできません。

疑問点が生じた場合には，適宜弁護人に相談して，その指示を受けてください。

⑧Q　接見に同行した後に留意すべき事項がありますか。

A　被疑者や被告人には，接見交通権といって，立会人なくして弁護人と接見する権利が認められています。

そして，通訳人は特別に接見に同行することを許されているのですから，接見の際に交わされた被疑者又は被告人と弁護人とのやりとりを外部に漏らすようなことは，絶対に慎んでください。

このことは，裁判官や書記官に対してであっても同じです。

第4章　公判手続

第1節　法廷通訳一般

①Q　通訳をする際には，直接話法（・・・です。）の形で通訳をすべきでしょうか，間接話法（・・・だそうです。）の形で通訳をすべきでしょうか。

A　話者が話した内容で通訳すべきですから，直接話法の形で通訳してください。

②Q　被告人等が発言しない場合には，通訳人から発言するように促すべきでしょうか。

A　通訳人は法廷で自ら発言することは原則的にない

と心得ておいてください。特に被告人には，黙秘権がありますから，勝手に発言を促すようなことをしてはいけません。

③Q　連続して行う通訳時間について希望がある場合にはどうしたらよいですか。また，通訳中に休憩を取りたい場合にはどうしたらよいですか。

A　裁判所としても，通訳人の負担を考慮して，通訳人が適切に休憩できるよう配慮していますので，要望があれば，事前に書記官に伝えてください。また，通訳人において公判手続中に休憩が必要となった場合には，その場で遠慮なく裁判官や書記官に伝えてください。

④Q　被告人から不信感を持たれているなどの問題があると感じた場合には，どうしたらよいですか。

A　信頼関係に問題があると感じる場合には，書記官にそのことを伝えてください。不信感の背景には，例えば被告人が日本の裁判制度を誤解していることが原因になっていることもあります。その場合には，裁判官や弁護人から被告人に対し，日本の裁判制度について説明することになります。

⑤Q　法制度，習慣，文化の異なる被告人の通訳を行うに当たって，配慮すべき事項がありますか。

A　法制度や歴史的背景の違い等から，被告人が通訳人に対し敵対心を持つことや，逆に被告人の言おうとする本当の意味が分からないことがあると思われます。したがって，法廷通訳を行うに当たっては，語学的な面だけでなく，その国の文化や法制度等を理解するよう日ごろから努めてください。

⑥Q　被告人の陳述について，配慮すべきことがありますか。特に罪状認否についてはどうですか。

A　裁判所も留意していますが，被告人によっては，陳述の際，一度にたくさん話し出すことがありますので，法廷に入ったらすぐにメモの準備をしておくことなどが必要です。

特に罪状認否は重要な手続ですので，慎重に通訳をする必要があります。被告人がうなずいた場合にも安易に「はい。」と通訳をするようなことは避けてください。

⑦Q　被告人が，弁護人の接見の際と異なることを述べた場合にはどうすればよいですか。

A　証拠となるのは，公判廷での発言ですから，接見の際の内容にかかわらず忠実に通訳すべきです。この場合には，接見の際の被告人の発言に影響されるようなことがあってはいけません。

⑧Q　書面を事前に交付された場合には，どのようなことに留意したらよいですか。

A　分からない法律用語，読めない地名，人名等がある場合には早めに尋ねておく必要があります。書証の要旨の告知のために証拠等関係カードが交付されている場合には，略語表（235ページ参照）で書証の表題を確認しておくとよいでしょう。

ただ，事件の進行によっては，事前に交付された書面の内容が変更されることがありますので，柔軟に対応する必要があります。

第2節　開廷前の準備

開廷前には，裁判官又は書記官と通訳人との間で，その期日に予定された手続を確認するとともに，必要な書類や送付した書類等が手元に届いているかどうか確認することもあります。この際に書類の中に分からない用語がある場合には，説明を求めるとよいでしょう。

なお，通訳人には守秘義務がありますから，これらの書類の取扱いには細心の注意を払ってください。

①Q　開廷前に準備しておく必要のあるものは何ですか。

A　早めに書記官室へ行って（直接法廷に行くように言われる場合もあります。），宣誓書の署名，出頭カードの記載，報酬関係の書類への記載をする必要があります。印鑑を持っている方は，このときに使いますので，印鑑を持参してください。

②Q　開廷前の時間はどのように過ごすとよいでしょうか。

A　早めに法廷に行って，自分の座る位置を確認し，メモや起訴状等の書面を通訳する順序に重ねておくなどの準備をしておくと落ち着いて通訳できるでしょう。

　なお，開廷前に勝手に被告人や被告人の関係者と話をしないようにしてください。

第3節　公判廷での手続

1　通訳人の宣誓等

まず，裁判官が，通訳人が本人であるか否かを確認する手続（人定尋問）を行います。

続いて，宣誓していただきます。宣誓書を手に持って，声を出して読んでください。宣誓する場所については，裁判官の指示に従ってください。

Q　通訳人の宣誓の際に氏名や住所等を言いたくない場合にはどうすればよいですか。

A　勾留質問の際と同様，あらかじめ人定事項を記載した書面をもとに，裁判官が「このカードに記載されているとおりですね。」と尋ねるのが一般的です。

　念のため，事前に書記官にその旨を伝えておいてください。

2　被告人に対する宣誓手続等についての説明

裁判官の指示に従って，被告人に対し，自分がこの裁判において裁判所から通訳を命じられたこと，そして誠実に通訳することを宣誓した旨を告げてください。

なお，これ以降は，着席のまま通訳していただいて差し支えありません。

3　被告人の人定質問

裁判官は，被告人に対して，証言台の前に進み出るよう命じ，氏名，生年月日，国籍，日本における住居及び職業等を尋ねます。

4　起訴状朗読

検察官が起訴状記載の公訴事実，罪名及び罰条を朗読します。

なお，性犯罪等の事件については，起訴状に記載されている被害者の氏名や住所などの被害者を特定させる事項を法廷において明らかにしない旨の決定（以下「被害者特定事項の秘匿決定」といいます。）がされることがあります。

また，被害者特定事項の秘匿決定がなされていなくても，被害者や年少者に対する配慮として特定事項を明らかにしない措置が行われることもあります。

これらの場合には，起訴状に記載されている被害者の氏名や住所等は明らかにされず，「被害者に対し」であるとか，「○○市内の被害者方において」などと朗読されますので，誤って被害者特定事項を通訳することのないよう注意してください。

①Q　起訴状につき，外国語に的確な訳語がない場合はどのようにすればよいですか。

A　起訴状朗読では，起訴状に記載されている内容を忠実に通訳する必要がありますが，中にはぴったりと当てはまる訳語がない場合もあります。そのような場合には，説明を付加して訳さざるを得ないことになります。用語の意味内容について不安がある場合には，事前に書記官に相談してください。

②Q　被害者特定事項の秘匿決定がされた場合には，検察官が朗読したとおりに通訳すべきですか。それとも，起訴状に記載されている内容のとおり通訳すべきですか。

A　必ず検察官が朗読したとおりに通訳してください。被告人には，起訴状朗読後に起訴状及び起訴状概要の翻訳文が示されますので，朗読されなかった部分を通訳する必要はありません。

5　黙秘権の告知

裁判官が被告人に対し，黙秘権を告知します。

6　事件に対する被告人の陳述

裁判官が被告人に対し，公訴事実についての認否を尋ねます。

7　弁護人の意見

裁判官が，公訴事実について，弁護人に意見を求めます。これが終わると，被告人は，裁判官の指示で着席します。

8　ワイヤレス通訳システムの利用

ワイヤレス通訳システムとは，送信機を装着した通訳人が小声で通訳を行い，それを受信機のイヤホンを通じて被告人に伝える装置です。公判廷における日本語での発言のうち，事前に通訳人に書面が交付された手続部分について，日本語での発言に並行して，あらかじめ準備した通訳内容を伝える形で同時進行的な通訳ができるようにするものです。したがって，このシステムはいわゆる同時通訳とは異なるものです。

これにより，手続を中断することなく，被告人に通訳内容を伝えることができることになるため，審理時間の短縮，ひいては通訳人の負担の軽減を図ることができます。

このシステムは，法廷では次のように運用されています。

(1)　通訳人が送信機を，被告人が受信機を，それぞれ使用する。

(2)　冒頭陳述，書証の要旨の告知，論告，弁論などのように，検察官又は弁護人があらかじめ準備し，通訳人に交付してあった書面を法廷においてそのまま朗読する手続に使用し，起訴状朗読，証人尋問，被告人質問及び判決宣告には使用しない。

①Q　ワイヤレス通訳システムを利用する場合に，通訳人として留意すべき事項は何ですか。

A　まず，事前に交付された書面の内容を通訳できるように十分に準備をしておく必要があります。

また，被告人がワイヤレス通訳システムの使用を拒んでいるときは，その旨裁判所に伝えてください。

当該機器はささやくような声で話をしても被告人に聞こえるようになっています。できる限り声を落として通訳してください。

②Q　ワイヤレス通訳システムを使用する際には，検察官や弁護人が書面を読む速度に合わせて該当部分を通訳すべきですか。

A　書面の内容を通訳するわけですから，検察官や弁護人が書面を読む速度に合わせる必要はありません。むしろ，被告人に書面の内容を理解させる速度で通訳をすることが重要です。

9　証拠調べ手続

(1)　冒頭陳述

「この裁判で検察官が証拠により証明しようとする事実は，以下のとおりである。」などと告げた後，検察官が冒頭陳述を行います。

なお，弁護側の主張があるときには，検察官の冒頭陳述の後に弁護人の冒頭陳述が行われ，公判前整理手続が実施された場合には，引き続き公判前整理手続の結果を明らかにする手続が行われます（66ページの参考例参照）。この場合，証拠申請等に関する以下の(2)から(4)の手続は，通常，公判前整理手続の中で既に行われているため，この後は(5)の証拠の取調べが行われることになります。

Q　冒頭陳述は一括して通訳するのでしょうか，それとも一文ごとに区切って通訳するのでしょうか。

A　ワイヤレス通訳システムを利用して一括して通訳する場合が多いと思われますが，書面が事前に交付されていないような場合には，一文ごとに通訳をすることもあります。

(2)　検察官からの証拠申請

通常，冒頭陳述に引き続いて検察官が「以上の事実を立証するため証拠等関係カード記載の証拠を申請します。」などと述べます。

(3)　検察官の証拠申請に対する弁護人の意見

検察官の証拠申請に対して，弁護人が同意，不同意などの意見を述べます。同意，不同意という言葉は通常の日本語の意味とは異なる意味を持つものですから，その意味をしっかりと理解しておく必要があります。

また，この際に具体的な事実を示して，信用性がないとか，違法収集証拠であるというような主張がされることもありますので，メモを取る準備をしておく必要があります。

(4)　裁判所の証拠採否（証拠を採用するか却下するか）の決定

弁護人の同意がない限り，原則として証拠書類については，証拠調べをすることはできません。裁判所は，弁護人が同意した証拠書類について，必要性や相当性を判断した上，証拠として取り調べることを決定します。弁護人が不同意とした証拠については，それに代えて，証人尋問の請求がされることもあります。

(5) 採用された証拠の取調べ

ア 証拠書類の内容の要旨の告知（又は朗読）

交付された証拠等関係カードのうち採用された証拠書類については，検察官が要旨の告知（又は朗読）をするので，その順に，その内容を通訳してください。

イ 証拠物の展示

証拠物の取調べは，検察官が採用された証拠物を法廷で示すことによって行いますが，このとき被告人に対する質問をする場合があります。すなわち，被告人が，裁判官の指示により証言台に進み出た後，検察官は被告人に対し，「検察官請求証拠番号○○番の・・・・を示す。」と述べ，「あなたは，この・・・・に見覚えがありますか。これはあなたの物ですか。」などと質問します。

(6) 証人尋問

ア 証人の宣誓及び虚偽の証言に対する注意

証人が宣誓した後，裁判官から証人に対して，虚偽の証言をすると偽証罪で処罰される旨の告知があります。

イ 通訳の方法

(ア) 外国語を使用する証人の場合

a 被告人と同じ言語の場合

日本語の尋問→通訳→証人の供述→通訳の順に行います。

b　被告人と異なる言語の場合（次の2通りがあります。）

(a)　日本語の尋問→証人に対する尋問の通訳→被告人のための尋問の通訳→証人の供述→日本語への通訳→被告人のための供述の通訳の順に行う方法

(b)　日本語の尋問→証人に対する尋問の通訳→証人の供述→日本語への通訳→被告人のための尋問と供述の通訳の順に行う方法

(a)の方法が原則ですが，この方法では，通訳の間に，証人が質問の内容を忘れてしまうことなどもありますので，これに代えて，(b)の方法を採ることもあります。

(イ)　日本語を使用する証人の場合（次の2通りがあります。）

a　日本語の尋問→通訳→証人の供述→通訳の順に行う方法

b　日本語の尋問→証人の供述→尋問と供述の通訳を行う方法

aの方法が原則ですが，前記(ア)bと同じ理由でbの方法を採ることも多いようです。

なお，情状証人の場合には，ある程度尋問と供述を続けた後，裁判官が通訳人に供述の要旨を告知し，まとめて通訳してもらうこともあります。

ウ　証人の不安や緊張等を緩和するための措置

犯罪によって被害を受けた方等が証人として証言する

場合，不安や緊張を緩和するため，次のような措置をとることが認められています。

(ア) 証言をする際，家族等に付き添ってもらうことができます（付添い）。

(イ) 証人と被告人や傍聴席との間につい立てなどを置き，被告人や傍聴席の視線を気にせず証言することができます（遮へい）。

(ウ) 事件によっては，法廷とテレビ回線で結ばれた別室で証言することもできます（ビデオリンク）。

なお，遮へいの措置をとった際に，被告人の様子が見えにくく，通訳をするに当たって支障がある場合には，裁判官に申し出てください。被告人の着席位置を変更したり，つい立ての位置を調整するなど，裁判官が適宜判断し，対処することになります。

エ　証人等特定事項の秘匿

証人，鑑定人，通訳人又は翻訳人に加害行為等がなされる恐れがある場合には，その氏名や住所などの特定事項（以下「証人等特定事項」という。）を被告人側に明らかにしない措置がされることがありますので，その場合には，誤って証人等特定事項を通訳することのないよう注意してください。

①Q　質問とそれに対する答えがちぐはぐになった場合には，答えをそのまま訳すべきですか，それとも，もう一度聞き直すべきですか。

A　ちぐはぐのまま通訳してください。気になるようなら裁判官に，「かみ合っていませんけれども通訳としてはそのまま伝えます。」と告げるとよいでしょう。

②Q　質問の意味が不明瞭であったり，同音異義語でどちらの意味かはっきりしないような場合にはどうすればよいのですか。

A　裁判官の許可を得て確認すべきです。

③Q　証人の発言等について，重要でないと思われる部分については通訳を省略してよいですか。

A　省略してはいけません。できる限り忠実に通訳してください。一部を省略したり内容をまとめたりすることはしないでください。

④Q　証人尋問の通訳を行う際には，どのような態度で行えばよいですか。

A　証人に対して中立な立場で接し，その証言等に対して，仮に不信や同情等を感じても，表情に出さないようにしてください。

⑤Q　証人があいまいな返事をしたり，証言をしている途中で，言い直しをした場合には，どのように通訳すべきですか。

A　そのまま通訳をすべきです。内容を明確にさせるためや供述の矛盾を整理するため聞き直して供述を引き出したり，通訳人が勝手に解釈して断定的な通訳をしてはいけません。

⑥Q　証人の答えが長すぎて通訳しにくい場合には，どうしたらよいですか。

A　手を上げるなどして，裁判官に答えが長すぎて通訳しにくいことを伝えてください。そうすれば，裁判官が答えを一文ずつ区切って通訳するように指示したり，尋問者に対して問いを工夫してもらうよう指示するなど，適宜判断し，対応してくれます。

⑦Q　証言の内容が高度に専門的，技術的であるなどの理由により，そのまま通訳をすることに無理があると感じた場合には，どうしたらよいですか。

A　直ちにそのことを裁判官に告げてください。分かる部分だけを通訳するようなことは，しないでください。

可能であれば平易な内容に証言をし直してもらうなどの措置を採ることになります。

⑧Q　証人との間で，アクセントや方言のためにコミュニケーションが取りづらいときには，どうしたらよいですか。

A　直ちにそのことを裁判官に告げて，指示を待ってください。程度にもよりますが，ゆっくり証言させたり，繰り返し証言することにより手当てができるのであれば，そのような方法を採ることになります。

⑨Q　通訳をする際には，発言者の表現を忠実に再現するべきですか。

A　発言者と同じ表現を使ってください。例えば丁寧語を用いるなどして表現方法を改めるようなことはしないでください。

⑩Q　証言の途中で，例えば大きさや高さや量を示すために，証人が身振り手振りをした場合には，身振り手振りも含めて通訳すべきですか。

A　言葉だけを通訳すればよく，身振り等を繰り返す必要はありません。

⑪Q　答えが聞き取れないなどの理由により，答えを繰り返してほしいと思ったときはどうすべきですか。

A　裁判官に，「聞き取れませんでしたので，証人に答えを繰り返すように頼んでもいいですか。」と断ってから頼んでください。

⑫Q　尋問に対して異議が出された場合には，どのようにしたらよいですか。

A　異議に対する意見，判断などの一連のやりとりを逐一通訳するのか，あるいは，やりとりが終わった後に裁判官が通訳すべき範囲をまとめて，それに従って通訳するのかなど，裁判官の指示に従って対応してください。ただ，一連のやりとりは，メモに取っておくとよいでしょう。

⑬Q　証言中の語句，言い回し等を理解できない場合や，通訳できない場合にはどうしたらよいですか。

A　証言の繰り返しや別の言葉での表現を頼んでよいかについて裁判官の許可を得てください。

⑭Q　証人等が人数や性別がはっきりしない代名詞を使った場合には，どうしたらよいですか。

A　そのために完全な通訳ができないことを裁判官に告げて，その部分をはっきりさせるように質問してよいかどうかの許可を得てください。

⑮Q　質問者が名前や数字を間違って質問している場合でもそのまま通訳すべきですか。

A　そのまま通訳すべきです。誤りの指摘や訂正についても裁判官や検察官，弁護人に任せてください。

ただ，明らかに誤解に基づく場合で，だれも気が付いていないと思われるときには，その旨を裁判官に指摘してください。

⑯Q　通訳に関し，正確性について疑問がある旨の指摘を受けた場合にはどうしたらよいですか。

A　裁判官の指示を待ってください。裁判官の許可があるまで，正確性について自分の意見を述べるのは差し控えてください。通常，裁判官は，問題とされた供述等を引き出す発問からやり直してもらい，あるいは発問の仕方を変えて平易な表現でその点を聞き直させることにより処理する場合が多いと思われます。

⑰Q　質問や発言の中に寸法や重量，外国通貨の量が含まれている場合には，日本のそれらのものに換算すべきですか。

A　自分で換算する必要はありません。換算は，基本的には裁判官，検察官又は弁護人が行います。

暦についても一度そのまま通訳してください。その後，換算に関するやりとりがあった場合にはそれを通訳し，また，裁判官から西暦等に換算した上で通訳するように指示された場合には，それに従ってください。

⑱Q　図面を利用した尋問等の場合に，留意する事項は何ですか。

A　被告人が「ここ。」とか「あそこ。」と発言した場合でもそのとおり通訳する必要があります。また，複雑な尋問の場合には，書記官に頼んで図面の写しを準備してもらうとよいでしょう。

⑲Q　仲間うちでだけ用いられる特殊な用語が使用された場合には，通常の言葉に直して通訳すべきですか。

A　そのまま通訳する必要があります。そして，必要があれば裁判官等が続けて質問しますので，それを待つべきです。

⑳Q　鑑定証人の尋問の場合に留意すべき事項は何ですか。

A　難しい専門用語を通訳する必要がありますので，あらかじめ尋問の際に使用すると思われる用語については調べておく必要があります。また，尋問の中に理解できない言葉がある場合には，遠慮なく申し出てください。専門用語を調べる時間が必要な場合には，その旨申し出てもよいでしょう。

10　被告人質問

被告人は，宣誓することはありません。なお，通訳は，日本語の質問→通訳→被告人の供述→通訳の順序で行うのが一般的です。

①Q　被告人が質問の内容を理解していないと思われる場合にはどうしたらよいですか。

A　通訳人の判断で被告人に説明したりせず，よく理解できていないということを裁判官に告げてください。

②Q　被告人が個人的に話しかけてきた場合にはどうすべきですか。

A　会話に応じないで，身振りなどで，会話はできないことを示してください。実際に話しかけられた場合は，その内容を裁判官に伝えてください。

11　論告

検察官の事件に関する最終的な意見が述べられます。検察官から事前に「論告要旨」と題する書面（ただし，求刑部分を空欄としたもの）が交付されるのが一般的です。書面が交付されている場合には，検察官の意見陳述後に，この書面に基づいて通訳してください。また，この場合には，ワイヤレス通訳システムを利用することが多いと思われます。

なお，被告人が求刑の意味を理解していない場合には，裁判官が補足説明をすることがあり，その場合には，それを通訳することになります。

Q　論告の際に留意する事項は何ですか。

A　求刑は，あくまでも検察官の意見ですが，判決を宣告されたと誤解する被告人も多いです。通訳人の方もこの点についてはよく理解しておいてください。

なお，論告要旨が事前に交付される場合でも，求刑のところは空欄になっている場合がほとんどです。したがって，求刑についてはその場で検察官が述べた内容を正確に聞き取り，通訳するようにしてください。聞き漏らした場合には，検察官に確認してください。

12　弁護人による弁論

弁護人の事件に関する最終的な意見が述べられます。弁護人からあらかじめ「弁論要旨」又は「弁論メモ」と題する書面が通訳人に交付され，通訳はこれに基づいて行うのが一般的です。弁論要旨等を事前に交付してある場合には，ワイヤレス通訳システムを使用することが多いと思われます。

弁護人が，弁論要旨等を事前に準備していないときは，弁護人は通訳できるよう適当な範囲で区切って弁論し，通訳人は順次通訳する運用になることが多いと思われます。

Q　ワイヤレス通訳システムを使用する論告・弁論の手続で，検察官が被告人の弁解内容に対応して，事前に交付した論告要旨の書面の内容を一部訂正，追加したり，弁護人が論告の内容に対応して弁論要旨の内容を同様に変更した場合にはどうしたらよいですか。

A　検察官又は弁護人が訂正，追加した部分を通訳人に指摘しますので，それに基づいて通訳することになります。

13　被告人の最終陳述

裁判官が，被告人に対し，「これで審理を終えますが，最後に何か言いたいことがありますか。」などと尋ねます。被告人は，証言台に進み出て陳述する場合がありますので，その内容を通訳してください。

14　次回期日の指定

裁判官が次回期日を指定しますので，その期日と，次回期日に何を行うかについて，裁判官の説明したことを通訳してください。被告人の最終陳述が終わっていれば，次回期日には判決が言い渡されることになります。

続行期日，判決宣告期日を指定する際には，通訳人と調整して期日を指定することになります。特に，継続して開廷する場合には，通訳人との関係で期日を一括指定することもありますから，自分の都合を何か月か先まで正確に把握しておく必要があります。

15　判決宣告の手続

判決宣告の手続については，法廷通訳参考例（９０ページ）を参考にしてください。

判決書の内容は事前に外部に漏れると困りますので，当日までは見ることができません。ただ，判決を正確に通訳できるようにするため，通訳人用の判決要旨，判決写しを作成し，裁判所によっては，これを判決宣告期日の開廷１０分ないし３０分くらい前に通訳人に交付し，事前に目を通してもらうといった運用もされています。この場合に，判決要旨等を交付した後は書記官室から出ないようにしてもらっているようです。裁判所がどのような方法を採っているのかを確認するとよいでしょう。また，判決の要旨等がないと通訳に不安がある場合には，あらかじめ書記官にその旨を申し出るとよいでしょう。

いずれにしても，判決宣告期日には少し余裕をもって裁判所に行くとよいでしょう。

なお，判決宣告手続にはワイヤレス通訳システムは使用しない取扱いです。

①Q　判決宣告期日の公判に要する時間は，どれくらいを予定しておけばよいですか。

A　事件によって異なりますので，裁判官にどの程度時間を取っておけばよいか確認してください。

一般的には，被告人が否認している事件は，自白事件よりも時間を要することになります。

さらに，判決宣告期日に弁論を再開して証拠調べ等を行うこともありますので，注意してください。

②Q　刑の全部の執行猶予，刑の一部の執行猶予の説明を通訳する際に留意すべき事項は何ですか。

A　刑の全部の執行猶予，刑の一部の執行猶予の説明は，被告人には分かりにくい面がありますので，裁判官もできるだけ分かりやすい説明をするように心掛けています（92ページの参考例参照）。それでも被告人が理解していないと思われる場合には，裁判官にそのことを告げてください。

③Q　未決勾留日数の刑への算入の説明を通訳する際に留意すべき事項は何ですか。

A　未決勾留日数の刑への算入の説明も被告人には分かりにくいようですので，裁判官は分かりやすい説明を心掛けています（96ページの参考例参照）。通訳人においても書記官に尋ねるなどして内容をよく理解しておいてください。

16　上訴期間等の告知

有罪の判決の場合には，裁判官は被告人に対して上訴期間及び上訴申立書を差し出すべき裁判所を告知します。

17　即決裁判手続

即決裁判手続とは，争いのない明白軽微な一定の事件について，検察官からの申立てにより，裁判所が決定に基づいて行う手続です。この手続には，①起訴されてから公判期日までの期間が短いこと（できる限り，起訴後14日以内の日に公判期日を指定することとされています。），②一般の公判手続と比べ，簡略な方法で証拠調べが行われること，③原則として，即日判決が言い渡され，その判決において懲役又は禁錮の言渡しをする場合には，必ずその刑の執行が猶予されることなどの特徴があります。

Q　即決裁判手続において留意すべき事項は何ですか。

A　通常の事件と比べ，起訴されてから公判期日までの期間が短いことから，事案によっては，通訳の依頼が期日の直近になることがあります。その場合には，御協力をお願いします。

また，公判期日において交わされるやりとりについて，通常の手続とは一部異なる部分があります（80ページの参考例参照）。このほか，原則として即日判決が言い渡されるため，判決宣告の通訳の準備をどうするのかを含め，あらかじめ書記官等に手続の流れを確認しておくとよいと思われます。

第４節　裁判員裁判

裁判員裁判においては，一般の国民の中から選ばれた裁判員が裁判官とともに審理に参加することから，その審理は集中的・連日的に行われます。これを可能とするために，すべての事件において必ず公判前整理手続が実施され，この中で事前に争点や証拠の整理等が行われます。

また，法廷での審理内容を裁判員にも分かりやすいものにするため，法廷内で使用される法律用語は，一般の人にも分かるような言葉に言い換えられたり，冒頭陳述等においてプレゼンテーションソフトが用いられる例もあります。さらに，証拠調べにおいても，供述調書等は全文朗読又は限りなくこれに近い要旨の告知の方法によって取り調べられているほか，証人に法廷で直接証言してもらうことも増えています。なお，プレゼンテーションソフトが用いられる場合には，示された文書や画像などの内容をスムーズに通訳することができるように，事前に裁判所や訴訟関係人と打合せをしておくとよいでしょう。

①Q　連日的開廷が行われる場合，通訳人の負担はかなり重くなるのではないでしょうか。

A　裁判員裁判における尋問は，従来よりも争点に即した，簡にして要を得たものとなりますし，また，裁判員の疲労や負担にも配慮して，これまでよりも頻繁に，相応の時間の休憩が取られることになります。したがって，一概に通訳人の負担が重くなるということはありません。

②Q　裁判員裁判を担当するにあたり，事前に裁判所と打合せをしておく必要はありますか。

A　連日的開廷により，肉体的，精神的疲労が蓄積して一人で通訳をすることが困難と予想される場合や，日程の都合がつかず，一部の期日に出頭できない場合などには，事前に裁判所に申し出てください。審理中の休憩の取り方や，場合によっては，通訳人を複数選任することなどについて，裁判所が，通訳人の意向も考慮しつつ，個別に判断させていただくことになります。

③Q　公判期日までの準備事項で，これまでと異なる点はありますか。

A　裁判員裁判では，供述調書等は全文朗読又は限りなくこれに近い要旨の告知の方法によって取り調べられることになります。その通訳の準備のため，あらかじめ訴訟関係人から通訳人に資料が交付されることがありますので，それを基に準備しておくとよいでしょう。受け取った書類については，絶対に他人の目に触れることのないよう細心の注意を払うようにしてください。

第５節　被害者参加

殺人，傷害，過失運転致死傷等の一定の刑事事件の被害者や遺族の方等が，裁判所の許可を得て，被害者参加人として刑事裁判に参加し，検察官との間で密接なコミュニケーションを保ちつつ，一定の要件の下で，公判期日に出席するとともに，証人尋問，被告人質問及び事実又は法律の適用についての意見の陳述を行うことができる制度です。

なお，被害者参加人が日本語に通じない場合にも，通訳をお願いすることになります。

①Q　被害者参加人が発言するのは，具体的にはどのような場面ですか。

A　情状に関する証人の供述の証明力を争うために必要な事項について証人を尋問する場面，被害者参加人が意見を述べるため必要と認められる場合に被告人に質問をする場面，事実又は法律の適用について意見を述べる場面などがあげられます。なお，被害者参加人が出席する際にも，付添い，遮へいの措置が認められています（28ページ９（6）証人尋問ウ(ア)(イ)参照）。

②Q　被害者参加人が意見陳述を行う場合，どのように通訳をすればよいですか。

A　一文ずつ区切って通訳を行うか，陳述後にまとめて通訳を行うかなど，通訳の方法については，あらかじめ裁判所と相談しておくとよいでしょう。なお，意見陳述が長くなる場合には，被害者参加人が事前に準備していた読み上げ書面に基づいて通訳をしていただく場合もあります。

③Q　被告人から，どうして被害者等が法廷に立ち会っているのかと尋ねられた場合，どのように対応すればいいですか。

A　そのような場合には，通訳人の判断で被告人に説明したりせず，裁判官に対してその旨を伝え，指示に従ってください。

第５章　その他の留意事項

①Q　判決宣告直後に，弁護人から，被告人に判決の内容やその後の手続について説明をするための通訳を依頼された場合はどうしたらよいですか。

A　そのような説明が必要となる場合もありますので，依頼された場合にはよろしくお願いします。

②Q　弁護人以外の者から，被告人と接見等をする際の通

訳を依頼された場合にはどうしたらよいですか。

A　公正さに疑いを持たれる行為ですから，断ってください。

③Q　弁護人から上申書等の翻訳を依頼された場合にはどうしたらよいですか。また，その場合の報酬はどのようになりますか。

A　弁護活動を行う際に使用される一定の書面について，国選弁護人からの依頼に基づいて翻訳を行った場合には，弁護人から報酬の支払を受けることができます。依頼を引き受けるに当たっては，事前に報酬等について弁護人から説明を受けておくとよいでしょう。

④Q　通訳費用の負担について被告人から尋ねられたらどうしたらよいですか。

A　弁護人に尋ねるよう告げてください。ちなみに通訳にかかった費用については，裁判実務では被告人に負担させない運用が定着しています。

⑤Q　判決宣告により終了した事件の関係書類はどうしたらよいですか。

A　まず，判決要旨は，宣告後すぐに裁判所に返還してください。その他の書類については，裁判所から返還を求められなければ，処分して差し支えありませんが，書類が他人の目に触れないように，処分方法には十分に注意してください。

第２編

控訴審における刑事手続の概要

第2編　控訴審における刑事手続の概要

第1章　控訴審とは

1　上訴制度

上訴とは，未確定の裁判に対して，上級裁判所の審判による救済を求める不服申立ての制度です。

第一審の判決に不服がある場合には，訴訟当事者は，事実誤認，訴訟手続の法令違反，法令適用の誤り，量刑不当などを理由として，高等裁判所に対して上訴（控訴といいます。）することができます。控訴審の裁判所は，第一審が地方裁判所又は簡易裁判所のいかんにかかわらず高等裁判所です。控訴審では合議体で裁判を行います。

控訴審の判決に不服がある場合には，最高裁判所に上訴（上告といいます。）することができます。

2　控訴審の役割

控訴審では，申立人の指摘する控訴理由を中心に，第一審判決の当否を審査することが直接の目的とされます。審理の結果，第一審判決を維持すべきであれば控訴棄却，第一審判決を取り消す必要があれば原判決破棄となります。原判決破棄の場合には，第一審裁判所に事件を差し戻し，又は移送するときと，控訴審の裁判所が自ら事件について判決をし直すときとがあります。

第2章　控訴の申立て等

1　控訴の提起期間

控訴の申立てのできる期間は，１４日以内と規定されています。この期間は，第一審判決の宣告のあった日の翌日から起算されます。

2　申立ての方式

第一審の判決（原判決ともいいます。）に対して控訴する場合には，当事者は控訴申立書を第一審の裁判所（原裁判所ともいいます。）に提出して行います。

控訴の申立てがあったとき，第一審裁判所は，速やかに訴訟記録及び証拠物を控訴裁判所に送付します。

3　上訴の放棄

上訴の放棄とは，上訴の提起期間満了前に，上訴する権利を放棄することですが，死刑，無期懲役及び無期禁錮のような重大な刑に処せられた判決に対しては上訴を放棄することはできません。

なお，上訴を放棄した者は，上訴の提起期間内であっても更に上訴を提起することはできません。

4　上訴の取下げ

上訴の取下げは，上訴審の判決があるまですることができます。

なお，上訴を取り下げた者は，上訴の提起期間内であっても更に上訴を提起することはできません。

第３章　控訴審の手続

第１節　控訴審の第１回公判期日までの手続

1　弁護人選任に関する手続

弁護人は審級ごとに選任しなければなりません。したがって，第一審において弁護人を選任していた場合であっても，控訴を申し立てた被告人は，控訴審でも弁護人を選任しようとする場合には，改めて裁判所に弁護人選任書を提出しなければなりません。裁判所の行う弁護人選任照会，国選弁護人選任の手続等については第一審の場合と同様です。照会書については，高等裁判所の依頼に基づいて，第一審裁判所において送付するという取扱いが実務においてされています。

2　通訳人の選任に関する手続

通訳人の選任については，第一審の場合と同様です。

3　被告人の移送

控訴審において，被告人が勾留されている事件の公判期日を指定するときは，その旨を検察官に通知しなければなりません。通知を受けた検察官は，被告人の身柄を，速やかに控訴審裁判所の所在地にある拘置所に移送します。

これは，被告人が控訴審の公判に備えて，弁護人との打合せ等の準備をしたり，自ら公判廷に出頭したりする際の便宜等のためです。

4　控訴趣意書の提出

控訴趣意書とは，控訴の申立てをした者が控訴審に対して自己の主張である控訴理由を簡潔に指摘した書面です。控訴趣意書は，被告人自身で書いて差し出すことも法律上はできますが，通常は，弁護人が被告人のために作成して差し出しています。

なお，控訴の申立ての理由は，控訴趣意書に記載すればよく，必ずしも控訴申立書に記載する必要はありません。

控訴審裁判所は，控訴趣意書を受け取ったときは，速やかにその謄本を相手方に送達しなければなりません。

＊控訴理由の限定

控訴の理由は，刑訴法に定められており，それ以外の事由を控訴理由とすることはできません。控訴の理由としては量刑不当が最も多く，事実誤認がこれに次ぎ，訴訟手続の法令違反，法令の適用の誤りもよく見られます。

＊控訴趣意書差出最終日の指定

裁判所は，控訴趣意書につき，期間を定めて提出を促します。その期間は，控訴趣意書差出最終日指定通知書を控訴申立人に送付することによって通知します。

5　答弁書の提出

答弁書は，控訴趣意書に対する相手方の意見を記載したもので，書面により控訴審裁判所に差し出すものです。

6　第１回公判期日の指定と被告人の召喚

控訴審においては，被告人は，裁判所が特に出頭を命じた場合以外は公判期日に出頭する義務はありません。しかし，公判期日に出頭し，自ら防御権を行使する権利は保障する必要がありますので，期日が指定されたときは，実務上，被告人に対して公判期日召喚状による召喚の手続がとられています。実際にも，被告人が出頭するケースが圧倒的に多いとされています。

＊被告人に対する出頭命令

裁判所は，５０万円以下の罰金又は科料に当たる事件以外の事件について，被告人の出頭がその権利の保護のため重要であると認めるときは，被告人の出頭を命ずることができます。この出頭命令があると，被告人は，公判期日に出頭する義務が課せられることになります。

第２節　控訴審における公判審理

1　概要

控訴審の公判審理は，まず第１回公判期日で，控訴を申し立てた当事者から控訴趣意書に基づく弁論がなされ，これに対する相手方の答弁があります。必要がある場合は請求又は職権により事実の取調べが実施されます。

事実の取調べが終了すると，当事者の請求により事実の取調べの結果に基づき弁論をすることができます。

弁論が終結されると，判決宣告期日が指定されて，その期日に判決が宣告されます。

＊被告人の弁論能力の制限

裁判所が被告人質問を採用したときには，被告人は訴訟関係人の質問に対して任意の供述はできますが，弁論をすることはできないとされています。したがって，被告人のためにする弁論は，弁護人でなければこれをすることができません。

2　公判期日の手続の流れ

(1)　通訳人の人定尋問と宣誓

第一審と同様の手続で行われます。

(2)　被告人の人定質問

控訴審では，人定質問は必要的なものではなく，出頭した場合でも適宜の方法で人違いでないことを調べれば足りるとされています。実務では，被告人が出頭したときは，人定質問がなされるのが通例です。なお，控訴審でも「被告人」と呼ばれることは第一審と同じです。

人定質問がされる場合は，第一審と同様に，裁判長が被告人に対し，氏名，生年月日，国籍，日本における住居及び職業等を尋ねます。

＊黙秘権の告知

控訴審では，黙秘権の告知は必要的ではありませんが，行われることもあります。また，事実の取調べとして被告人質問をする場合に，その実施前に告知することもあります。

(3) 控訴趣意書に基づく弁論

検察官及び弁護人は，控訴趣意書に基づいて弁論しなければならないとされています。控訴趣意書に記載した事項を基礎としてそれに関連する事項を説明したりすることや，控訴趣意書の範囲内であれば，期間経過後に提出された控訴趣意補充書あるいは控訴趣意補正書等に基づく弁論をすることも許されているのが実務の取扱いです。控訴趣意書の範囲を逸脱したり，趣意書に記載のない新しい主張を付加したりすることは許されません。

被告人側が控訴を申し立てた場合に，被告人が自ら控訴趣意書を書いて提出することがありますが，被告人には弁論能力がありませんので，弁護人がその判断で被告人提出の控訴趣意書をも含めて弁論をすることになります。

控訴趣意書に基づく弁論は，弁護人と被告人との間の打合せにより被告人に控訴趣意書の内容があらかじめ伝わっている場合には，「控訴趣意書記載のとおり」として行われることがほとんどです。被告人に内容が伝わっていない場合などは，弁護人が必要に応じて控訴趣意書の内容を要約したり，自ら要旨を作成して，それに基づき述べたりします。

(4) 控訴趣意書に対する相手方の意見（答弁）

控訴の申立ての相手方は，答弁書に基づき，又は答弁書の提出がないときは口頭で，控訴申立人の控訴趣意書の内容に反論する弁論をします。

被告人控訴の場合に，事前に検察官から答弁書が提出されている場合には，「答弁書記載のとおり」として答弁することがほとんどです。答弁書が提出されていない場合には，検察官が口頭で「本件控訴は理由がないので，棄却されるべきである。」などと答弁することになります。

(5) 事実の取調べ

控訴審の審査は，控訴理由の有無の調査という形で行われますが，事実の取調べはその調査の一方法です。控訴趣意書に包含された事項についての調査は，義務的に行われますが，事実の取調べはその調査に必要な場合に制限されています。

事実の取調べとしては，第一審における証拠調べの方法にのっとり，証人尋問，検証，鑑定，被告人質問あるいは書証の取調べなどが行われることになります。

このほか，審理の過程で訴因等が変更される場合もあります。

(6)　事実の取調べの結果に基づく弁論

事実の取調べをしたときは，検察官及び弁護人は，その結果に基づいた弁論をすることができますが，任意的なものです。そして，この弁論は，事実の取調べの結果，控訴理由の存否につき意見をふえんする必要がある場合にその点に限って認められるものです。したがって，事件全般についての意見を陳述する第一審のいわゆる論告や弁論とは性質を異にします。

なお，被告人には弁論能力がないので，事実の取調べの結果に基づく弁論を認めず，その最終陳述も認めない扱いが実務の大勢です。

(7)　次回公判期日の指定・告知

3　判決宣告期日

判決宣告・上訴期間等の告知

(判決主文例については110ページ，判決理由の例については140ページ参照)

＊被告人の収容

第一審判決で禁錮以上の刑の言渡しがされている場合に，控訴棄却の判決があると，保釈又は勾留の執行停止はその効力を失い，新たな保釈又は執行停止がない限り，被告人の身柄については，収容の手続がとられることになります。ただし，控訴審では直ちに収容の手続をとらないのが通例です。

第３編

法廷通訳参考例

第3編　法廷通訳参考例

ここでは，刑事裁判における具体的なやりとりの例を取り上げ，通訳の参考例を対訳の形で収録しています。第1編，第2編の刑事裁判手続の説明と合わせて活用してください。

概要目次

Sommaire

第1章　勾留質問手続 ……………………………… 54

Chapitre 1 Procédure d'interrogatoire concernant la détention

第2章　公判手続 ……………………………… 60

Chapitre 2 Procédure de l'audience

第3章　第一審における判決主文の例 ……………… 98

Chapitre 3 Exemples de dispositifs de jugement en première instance

第4章　控訴審における判決主文の例 ……………… 110

Chapitre 4 Exemples de dispositifs de jugement en instance d'appel *(Koso)*

第5章　第一審における判決理由 ……………… 114

Chapitre 5 Motifs de jugement en première instance

第6章　控訴審における判決理由 ……………… 140

Chapitre 6 Motifs de jugement en instance d'appel *(Koso)*

第１章　勾留質問手続

1　前置き

（裁）　私は，〇〇地方裁判所の裁判官です。検察官から勾留請求といって，引き続いてあなたを留置してほしいという請求がありました。そこで，これからあなたを勾留するかどうかを判断する前提として，あなたに対して被疑事実を告げ，それに関するあなたの陳述を聴くことにします。その前にいくつかの注意及び説明をします。

2　黙秘権の告知

（裁）　まず第一に，あなたには黙秘権があります。私の質問に対し，始めから終わりまで黙っていてもいいし，個々の質問に対して答えを拒むこともできます。答えないからといって，それだけで不利益な扱いを受けることはありません。

3　弁護人選任権の告知

（裁）　第二に，あなたは自分の費用で弁護人を選任する権利があります。弁護人を選任したいときには，特定の弁護士や弁護士法人，弁護士会を指定して申し出ることができます。申出をする場合は，この場で申し出ることもできますし，留置施設に申し出ることもできます。

（被疑者国選弁護人選任請求が行える場合）

Chapitre 1 Procédure d'interrogatoire concernant la détention

1 Introduction

(J) Je suis juge au tribunal de district de _____. Le procureur a présenté une requête auprès de ce tribunal en vue de votre mise en détention. En tant que condition préalable, avant de décider si vous serez ou non placé en détention, je vais vous exposer les faits allégués contre vous, et entendre ensuite votre déclaration à ce sujet. Toutefois, je voudrais d'abord vous donner quelques avertissements et explications.

2 Notification du droit de garder le silence

(J) Tout d'abord, vous avez le droit de garder le silence. Vous pouvez garder le silence pendant toute la durée de l'interrogatoire, ou vous pouvez refuser de répondre à certaines questions spécifiques. Le fait que vous refusiez de répondre aux questions ne sera pas utilisé en votre défaveur.

3 Notification du droit de désigner un conseil [avocat]

(J) Deuxièmement, vous avez le droit de désigner un conseil à vos frais. Si vous souhaitez désigner ainsi un conseil, vous pouvez spécifiquement désigner un avocat, ou bien une société d'avocats ou encore un barreau de votre choix. Vous pouvez faire une telle demande ici ou bien dans l'établissement de détention.

(Au cas où le suspect a le droit de demander un conseil

あなたが経済的な理由などで自分の費用で弁護人を選任することができないときは，裁判官に弁護人の選任を請求することができます。この請求をする場合には，資力申告書を提出しなければなりません。また，資力申告書の資力の合計額が５０万円以上の場合には，あらかじめ，○○弁護士会に弁護人の選任の申出をしていなければなりません。

4　勾留の要件の説明

（裁）　あなたに，罪を犯したと疑うに足りる相当な理由があり，かつ，住居が不定であるか，証拠を隠滅したり逃亡したりすることを疑うに足りる相当な理由がある場合には，勾留されることになるかもしれません。

5　勾留の期間の説明

（裁）　勾留される期間は，原則として１０日間です。しかし，場合によっては，１０日たつ前に釈放されることもありますし，更に最大１０日間勾留が延長されることもあります。

6　被疑事実の告知

（裁）　それでは，勾留請求の理由となっている犯罪事実を読むのでよく聞いてください。その後で，これに対して言いたいことがあったら述べてください。

[avocat] commis d'office)

Si, pour des raisons économiques ou autres, vous ne pouvez pas désigner à vos frais un conseil, vous pouvez demander au juge qu'un conseil soit commis d'office. Dans ce cas, il vous sera nécessaire de présenter une déclaration de ressources. De plus, si le total de votre déclaration de ressources atteint 500 000 yens ou plus, la demande de désignation d'un conseil devra être déposée au barreau de _____.

4 Exposé des conditions requises pour la détention

(J) Vous pourrez être placé en détention s'il y a un motif raisonnable de soupçonner que vous avez commis les faits dont vous êtes accusé, d'une part, et que d'autre part, vous n'avez pas de domicile permanent ou bien il existe un motif raisonnable de soupçonner que vous pourriez détruire des preuves ou vous enfuir.

5 Explication de la durée de détention

(J) La durée de détention est fixée en principe à 10 jours, mais dans certains cas, vous pourrez bénéficier d'une libération avant la date désignée, ou bien la détention pourra être prolongée encore de 10 jours au maximum.

6 Notification des faits allégués

(J) Je vais maintenant vous donner lecture des faits criminels pour lesquels votre placement en détention a été demandé. Écoutez bien, et vous pourrez ensuite indiquer

「被疑者は，令和○○年１０月１０日午後６時５０分ころ，○○市丸山町１番１号所在の株式会社甲百貨店（代表取締役甲野太郎）本店３階貴金属売場において，同社所有のダイヤモンド指輪１個（時価３００万円相当）を自己の背広の内側ポケットに入れて窃取したものである。」

7　被疑事実に対する陳述

（裁）・　事実はそのとおり間違いありません。

・　身に覚えがありません。

・　検察庁で述べたとおりです。

8　勾留通知先

（裁）あなたが勾留されることになった場合には，裁判所から弁護人あてにその旨を通知します。弁護人がない場合には，国内にいるあなたの配偶者，親兄弟等のうち，あなたが指定する１人に通知します。また，弁護人もそのような家族もない場合には，雇主とか知人などのうちからあなたが指定する１人に通知します。通知先の氏名，住居，電話番号を述べてください。

（被）日本にいる兄に連絡してください。

（裁）住所と名前は。

（被）名前は，Ａです。私と同じところに住んでいます。

ce que vous avez à déclarer.

« Le 10 octobre _____, vers 18h50, au rayon bijouterie du 2e étage du grand magasin de la société anonyme X (président-directeur général : M. Taro Kono), situé au 1-1 Maruyama-cho, _____-shi, le suspect a commis le vol d'une bague à diamant d'une valeur d'environ 3 millions de yens, qui appartenait à la société X, en glissant ladite bague dans la poche intérieure de sa veste. »

7 Déclaration du suspect concernant les faits allégués

(S) • Les faits sont exacts.

• Je n'en ai pas le souvenir.

• C'est comme je l'ai indiqué au bureau du procureur.

8 Destinataire de la notification de détention

(J) Si vous êtes placé en détention, le tribunal en avisera votre conseil. Si vous n'avez pas de conseil, le tribunal avertira un membre de votre famille désigné par vous et se trouvant au Japon, tel que votre époux/épouse, un parent, un frère ou une sœur. Si vous n'avez ni conseil, ni famille, le tribunal avisera une personne que vous aurez désignée, telle que votre employeur ou une connaissance. Veuillez nous indiquer le nom, le domicile et le numéro de téléphone de cette personne destinataire.

(S) Contactez mon frère aîné qui se trouve au Japon.

(J) Quels sont ses nom et adresse ?

(S) Il s'appelle A. Il habite au même endroit que moi.

9　領事機関への通報

（裁）　あなたは，○○国国民として，領事関係に関するウィーン条約第３６条第１項（ｂ）の規定により，勾留の事実を○○国領事官に通報することを要求しますか。

（被）　通報することを要求します。〈要求しません。〉

（裁）　なお，領事機関に対しては，我が国の法令に反しない限り，信書を発することができます。

10　読み聞け

（書）　あなたが述べたことを調書に書きましたので，それを読み上げます。間違いなければここに署名して，左人指し指で指印してください。

第２章　公判手続

1　開廷宣言

（裁）　開廷します。

2　通訳人の宣誓

（通）　良心に従って誠実に通訳をすることを誓います。

3　人定質問

（裁）　被告人は前に出てください。<被告人は起立してください。>

名前は何と言いますか。

9 Notification au consul

(J) En votre qualité de national de _____ [de citoyen _____], vous avez le droit de notifier le consulat de votre pays du fait que vous êtes en détention, conformément à l'article 36, paragraphe 1, alinéa (b) de la Convention de Vienne sur les relations consulaires. Souhaitez-vous le faire ?

(S) Oui, je le souhaite (Non, je ne le souhaite pas).

(J) Vous pouvez aussi communiquer par lettre avec l'organisme consulaire, dans la mesure où vous ne contrevenez pas ainsi à la loi japonaise.

10 Lecture du procès-verbal

(G) Vos déclarations sont maintenant enregistrées dans le procès-verbal. Je vais vous les lire à haute voix. Si cela est correct, veuillez signer ici et apposer l'empreinte de votre index gauche à côté de la signature.

Chapitre 2 Procédure de l'audience

1 Déclaration d'ouverture de l'audience

(J) L'audience est ouverte.

2 Prestation de serment de l'interprète

(I) Je jure d'exercer ma fonction d'interprète avec sincérité et bonne foi.

3 Questions à l'accusé [au prévenu] pour identification

(J) Je demande à l'accusé de bien vouloir s'avancer. < Je demande à l'accusé de bien vouloir se lever. >

Quels sont vos nom et prénoms ?

生年月日はいつですか。

国籍（本籍）はどこですか。

日本国内に定まった住居はありますか。

職業は何ですか。

4　起訴状朗読

（裁）　それでは，これから被告人に対する○○被告事件についての審理を始めます。

起訴状は受け取っていますね。

まず，起訴状が朗読されますから，被告人は聞いていてください。

検察官，起訴状を朗読してください。

5　黙秘権の告知

（裁）　これから，今朗読された事実についての審理を行いますが，審理に先立ち被告人に注意しておきます。被告人には黙秘権があります。したがって，被告人は答えたくない質問に対しては答えを拒むことができますし，また，始めから終わりまで黙っていることもできます。もちろん質問に対して答えたいときには答えてよいですが，被告人がこの法廷で述べたことは，被告人に有利，不利を問わず証拠として用いられることがありますから，そのことを念頭に置いて答えるようにしてください。

Quelle est votre date de naissance ?

Quel(le) est votre nationalité (domicile légal) ?

Avez-vous un domicile permanent au Japon ?

Quelle est votre profession ?

4 Lecture de l'acte d'accusation

(J) Nous allons maintenant procéder à l'examen de l'affaire de _____ pour laquelle vous êtes poursuivi.

Vous avez bien reçu l'acte d'accusation, n'est-ce pas ?

Veuillez tout d'abord bien écouter pendant que le procureur lit l'acte d'accusation à haute voix.

Monsieur le procureur, veuillez lire l'acte d'accusation.

5 Notification du droit de garder le silence

(J) Le tribunal va maintenant procéder à l'examen des faits qui vous sont reprochés, ainsi que lus par le procureur. Au préalable, nous devons vous signaler les points suivants. Vous avez le droit de garder le silence. Vous pouvez donc refuser de répondre à une question spécifique, ou demeurer silencieux du début jusqu'à la fin du procès. Naturellement, vous êtes libre de répondre à certaines questions si vous le souhaitez. Toutefois, toute déclaration faite par vous devant ce tribunal pourra être utilisée comme preuve, en votre faveur ou défaveur. Par conséquent, répondez aux questions posées en conservant ceci à l'esprit.

6　被告事件に対する陳述

（裁）　検察官が今読んだ事実について何か述べることはありますか。

（被）　・　事実はそのとおり間違いありません。

・　事実は身に覚えがありません。

・　酒を飲んでいたので，よく覚えていません。

・　物を取ったのは確かですが，人は殺していません。

・　被害者を刺したのは確かですが，殺すつもりはありませんでした。

7　弁護人の意見

（弁）　・　被告人の陳述のとおりです。

・　被告人には，窃盗の故意がないので，無罪を主張します。

・　被告人には，窃盗の実行の着手がありませんので，無罪を主張します。

・　被告人の行為は正当防衛に当たるので，無罪を主張します。

8　検察官の冒頭陳述

（裁）　それでは検察官，冒頭陳述を行ってください。

検察官が証拠によって証明しようとする事実を述べますので，被告人は聞いていてください。

6 Déclaration de l'accusé [du prévenu] au sujet de l'affaire pour laquelle il est poursuivi

(J) Avez-vous quelque chose à dire sur ce qu'a lu le procureur ?

(A)
- Ces faits sont exacts.
- Je n'ai aucun souvenir de ces faits.
- Je ne me souviens pas, car j'avais bu de l'alcool.
- C'est vrai que j'ai pris quelque chose, mais je n'ai tué personne.
- C'est vrai que j'ai poignardé la victime, mais je n'avais pas l'intention de la tuer

7 Observations de l'avocat de la défense

(AD)
- La déclaration de l'accusé est entièrement exacte.
- L'accusé est innocent, car il n'y avait pas d'intention de vol.
- L'accusé est innocent, car il n'avait même pas commencé l'exécution d'un vol.
- L'accusé est innocent, car il a agi en état de légitime défense.

8 Exposé préliminaire du procureur

(J) Monsieur le procureur, veuillez présenter l'exposé préliminaire des faits.

Il est demandé à l'accusé d'écouter attentivement, car le procureur va indiquer les faits qu'il entend démontrer par des preuves.

（検）　検察官が証拠により証明しようとする事実は次のとおりであります。被告人は・・・・。

9　弁護人の冒頭陳述

（公判前整理手続が実施された場合で，弁護側の主張があるときには必ず行われるが，同手続が実施されなかった場合でも行われることがあり得る。）

（裁）　続いて，弁護人の冒頭陳述をどうぞ。

（弁）　それでは，弁護人の冒頭陳述を申し上げます。被告人は，本件犯行を行っておらず，無罪です。すなわち・・・・。

10　公判前整理手続の結果顕出

（公判前整理手続が実施された場合）

（裁）　次に，公判前整理手続の結果を明らかにする手続を行います。この公判に先立ち，裁判所，検察官，弁護人の３者によって行われた公判前整理手続の結果，本件における主たる争点は，次の２点であることが明らかになっています。まず第１点は・・・・。

11　証拠調べ請求

（検）　証拠等関係カード（甲）（乙）記載の各証拠の取調べ

(P) Les faits que nous entendons démontrer au moyen de preuves sont les suivants. L'accusé...

9 Exposé préliminaire de l'avocat de la défense

(Si une procédure de conférence préalable au procès a été adoptée, l'avocat est sans exception autorisé à faire un exposé préliminaire sur ce qu'il entend déposer à l'audience, mais cet exposé est aussi possible même si cette procédure n'a pas lieu.)

(J) Monsieur l'avocat de la défense, veuillez maintenant faire votre exposé préliminaire.

(AD) Voici mon exposé préliminaire en tant qu'avocat de la défense. L'accusé n'a pas commis ce crime, et il est donc innocent. Par conséquent, ...

10 Présentation des résultats de la procédure de conférence préalable au procès

(Si la procédure de conférence préalable au procès a été mise en œuvre)

(J) Nous allons maintenant procéder à la déclaration des résultats de la procédure de conférence préalable au procès. En résultat de cette procédure, le tribunal, le procureur et l'avocat de la défense conviennent tous trois que les principaux points litigieux dans cette affaire sont les deux suivants. Le premier, ...

11 Demande d'examen des preuves

(P) Je demande maintenant au tribunal d'examiner les

を請求します。

12　証拠（書証・証拠物）請求に対する意見

（裁）　弁護人，御意見はいかがですか。

（弁）　・　すべて同意します。

・　甲３号証と甲４号証の目撃者Ａの検察官と司法警察員に対する供述調書については不同意です。その余の各証拠は同意します。

・　証拠物については異議ありません。

・　乙３号証の被告人の司法警察員に対する供述調書は，取調べ警察官の脅迫により録取されたものであり，任意性を争います。

・　乙５号証の被告人の司法警察員に対する供述調書は，供述録取に際し，共犯者をかばって供述したものであるので，その調書には信用性がありません。

・　乙９号証の被告人の検察官に対する供述調書は，検討中のため意見を留保します。

preuves qui sont énumérées dans les formulaires de liste des preuves (A) et (B)

12 Observations de la défense sur l'examen des preuves (preuves écrites et preuves matérielles) demandé par le procureur

(J) Monsieur l'avocat de la défense, avez-vous des observations à formuler ?

(AD)
- Nous admettons toutes les preuves.
- Nous n'admettons pas les pièces A3 et A4, c'est-à-dire les procès-verbaux d'audition du témoin A par le procureur et l'officier de police judiciaire. Toutes les autres preuves sont admissibles.
- Nous ne contestons pas les preuves matérielles.
- La pièce B3 est le procès-verbal d'une audition de l'accusé qui a été conduite sous la menace de l'officier de police judiciaire. Nous en contestons le caractère volontaire.
- La pièce B5 est le procès-verbal d'une audition de l'accusé conduite par l'officier de police judiciaire. Cette pièce est dépourvue de crédibilité, car lorsqu'elle a été enregistrée, l'accusé a fait ses déclarations en cherchant à protéger son complice.
- La pièce B9 est le procès-verbal d'une audition de l'accusé par le procureur. Nous sommes en train de l'examiner, et souhaitons donc réserver notre opinion

13　書証の要旨の告知・証拠物の展示

（裁）　それでは，同意のあった各証拠は採用し，取り調べることにします。検察官，書証の要旨を告知し，証拠物を示してください。

検察官が書証の要旨を告げますので，被告人は聞いていてください。

（検）　・　甲１号証は，司法警察員作成の捜査報告書です。被告人の出入国状況を示したもので，「被告人は，令和○○年１０月１４日，Ｙ国から，短期在留資格（９０日）の条件で来日した。在留資格は，令和○○年１月１２日までとなっているが，在留期間の更新は受けていない。」という内容です。

・　甲２号証は，被告人の婚約者甲野花子の司法警察員に対する供述調書です。内容は被告人の生活状況です。

・　乙１号証は，被告人の司法警察員に対する供述

pour le moment.

13 Annonce du résumé des preuves écrites et production des preuves matérielles

(J) Le tribunal admet donc les preuves que la défense a admises, et va maintenant procéder à leur examen. Monsieur le procureur, veuillez donner lecture du résumé des preuves écrites et produire les preuves matérielles.

Il est demandé à l'accusé de bien écouter le résumé des preuves écrites, dont le procureur va donner lecture.

(P)

- La pièce A1 est un rapport d'enquête établi par les officiers de police judiciaire. Ce rapport indique le statut d'immigration de l'accusé, dans les termes suivants : « L'accusé est entré au Japon en provenance de _____ (nom du pays) le 14 octobre _____, sous les conditions autorisées par son statut de séjour, qui était celui d'un visiteur temporaire, pour un séjour de 90 jours. Son statut de séjour l'autorisait à rester au Japon jusqu'au 12 janvier _____, et aucun renouvellement de cette durée ne lui a été accordé ».
- La pièce A2 est le procès-verbal de l'audition de Mme Hanako Kono, la fiancée de l'accusé, par les officiers de police judiciaire. Cette pièce décrit les conditions et le mode de vie de l'accusé.
- La pièce B1 est un procès-verbal d'audition de

調書です。

被告人の身上，経歴等を述べたものです。

・　乙２号証，乙３号証は，被告人の司法警察員に対する供述調書であり，乙４号証は，被告人の検察官に対する供述調書です。

乙２号証から乙４号証は，いずれも被告人が本件の犯行状況について述べたものですので，乙４号証でまとめて要旨を告げます。

「私は，日本で働いてお金を稼ぐために，令和○○年10月14日，Y国から，日本に来ました。日本では，最初に鈴木建設という会社で働き，次に田中土建という会社で働きました。在留期間が令和○○年１月12日までということは分かっていましたが，お金を稼ぎたいのでそのまま日本にいました。」

・　乙５号証は，被告人の身上関係についての捜査報告書です。

14　証人申請

(裁)　検察官，不同意とされた証拠についてはどうされますか。

l'accusé par les officiers de police judiciaire.

Cette pièce indique ses antécédents familiaux et personnels, etc.

- Les pièces B2 et B3 sont des procès-verbaux d'audition de l'accusé par les officiers de police judiciaire, et la pièce B4 est le procès-verbal de l'audition de l'accusé par un procureur.

  Toutes les pièces B2 à B4 sont des déclarations de l'accusé sur ses actes criminels [délictueux] dans la présente affaire. Je résume ces déclarations au moyen de la pièce B4.

  Je cite : « Parti de _____ (nom du pays), je suis arrivé au Japon le 14 octobre _____ pour y gagner de l'argent en travaillant. Au Japon, j'ai d'abord travaillé pour une société appelée Suzuki Construction, puis ensuite pour une autre appelée Tanaka Construction. Je savais que ma durée de séjour autorisée au Japon n'allait que jusqu'au 12 janvier _____, mais je suis quand même resté au Japon car je voulais gagner de l'argent. »
- La pièce B5 est un rapport d'enquête concernant les antécédents familiaux de l'accusé.

14 Demande d'audition d'un témoin

(J) Monsieur le procureur, comment comptez-vous procéder concernant les preuves que la défense n'a pas admises ?

（検）　撤回して，証人Aを申請します。

15　証人申請に対する意見及び証人の採用

（裁）　弁護人，御意見は。

（弁）　しかるべく。

（裁）　それでは，Aを証人として採用します。

16　証人の尋問手続

(1)　証人の宣誓

（裁）　ただいまから，あなたをこの事件の証人として尋問しますから，まずうそをつかないという宣誓をしてください。その宣誓書を朗読してください。

（証）　宣誓　良心に従って真実を述べ，何事も隠さず，偽りを述べないことを誓います。証人A。

（裁）　証人は，今宣誓したように本当のことを証言してください。もし宣誓した上で虚偽の証言をすると，偽証罪で処罰されることがあります。

証人が証言することによって証人自身又は証人の近親者が刑事訴追を受けたり，有罪の判決を受けるおそれのある事柄については，証言を拒むことができますから，その場合には申し出てください。

(P) Je retire ces éléments, et je demande l'audition du témoin A.

15 Observations au sujet de l'audition d'un témoin et admission de cette audition

(J) Monsieur l'avocat de la défense, avez-vous des observations à formuler ?

(AD) Procédez, je vous prie.

(J) Le tribunal admet donc A comme témoin.

16 Procédure d'audition du témoin

(1) Prestation de serment du témoin

(J) Vous allez être entendu par le tribunal comme témoin dans ce procès. Avant de témoigner, veuillez prêter serment de dire la vérité, toute la vérité, rien que la vérité. Veuillez lire à haute voix le serment.

(T) Je jure selon ma conscience de dire la vérité, de ne rien dissimuler et de ne faire aucune fausse déclaration. Témoin A.

(J) En tant que témoin, veuillez donner un témoignage véridique conformément au serment que vous venez de prêter. En cas de faux témoignage donné sous serment, vous pourrez être puni pour délit de faux-témoignage.

Vous pouvez refuser de témoigner si votre témoignage est susceptible d'entraîner des poursuites ou un jugement de culpabilité à votre égard ou à l'égard de vos proches. Dans ce cas, veuillez en informer le

(2) 異議申立て及びその裁定

（検） 弁護人のただいまの発問は，誘導尋問ですから，異議を申し立てます。

（弁） 反対尋問においては，誘導尋問も許されるので，検察官の異議の申立ては，理由がないと思料いたします。

（裁） 異議を棄却します。

(3) 証人尋問の終了

（裁） 証人尋問を終わります。証人は，お疲れさまでした。

17 その他の手続

(1) 弁論の併合決定

（裁） 本件に被告人に対する令和〇〇年（わ）第〇〇号強盗被告事件を併合して審理します。

(2) 訴因及び罰条等の変更

（検） 起訴状記載の訴因を「被告人は・・・・したものである。」と，罪名及び罰条を「窃盗　刑法２３５条」とそれぞれ変更の請求をします。

（弁） 検察官の請求に異議ありません。

tribunal.

(2) Formulation d'une objection et décision

(P) Je formule une objection. La question que l'avocat de la défense vient de poser est orientée.

(AD) Les questions orientées sont autorisées pendant la contre-audition. Je considère donc que l'objection formulée par le procureur n'est pas fondée.

(J) L'objection est rejetée.

(3) Fin de l'audition du témoin

(J) Votre audition comme témoin est à présent terminée. Nous vous remercions de votre coopération.

17 Autres procédures

(1) Décision de jonction des procédures orales

(J) Le tribunal examinera conjointement, avec la présente affaire, l'affaire de vol accompagné de violences ou de menaces (_____ (WA) No. _____) pour laquelle l'accusé [le prévenu] est poursuivi.

(2) Modification du chef d'accusation et des dispositions pénales applicables

(P) Nous demandons que le chef indiqué sur l'acte d'accusation soit modifié en « l'accusé a .... », et que la qualification du crime [délit] et la disposition pénale applicable soient par conséquent changées en « Vol, article 235 du Code pénal », respectivement.

(AD) Je n'ai pas d'objection contre la demande du

（裁）　訴因及び罰条等の変更を許可します。

(3)　被害者特定事項の秘匿決定後，被害者の呼称の定めがされた場合

（裁）　今後の審理においては，令和〇〇年６月２０日付け起訴状記載の公訴事実第１の被害者のことを「被害者Ａ」と，同年７月１０日付け追起訴状記載の被害者のことを「被害者Ｂ」と呼ぶこととします。

(4)　被害者参加許可決定

（検）　本日，被害者Ａさんから被害者参加の申出がありました。検察官としては，相当であると考えます。

（裁）　弁護人の御意見はいかがですか。

（弁）　しかるべく。

（裁）　申出人の本件被告事件の手続への参加を許可します。

(5)　被害者等の被害に関する心情その他の被告事件に関する意見陳述

（被害者等からの申出がある場合）

procureur.

(J) Les modifications du chef d'accusation et de la disposition pénale applicable sont autorisées.

(3) En cas de décision sur l'appellation d'une victime suite à une décision de protection de la confidentialité de ses éléments d'identification

(J) Dans cette instance et les suivantes, la victime mentionnée au sujet du fait reproché No.1 de l'acte d'accusation daté du 20 juin _____ sera appelée Victime A, et la victime mentionnée dans l'acte d'accusation supplémentaire daté du 10 juillet _____ sera appelée Victime B, respectivement.

(4) Décision d'autoriser la victime à participer à l'instance

(P) Aujourd'hui, la victime A a demandé à participer au procès. Nous considérons cette participation comme convenable.

(J) Monsieur l'avocat de la défense avez-vous une objection quelconque à formuler ?

(AD) Procédez, je vous prie.

(J) Le demandeur est autorisé à participer au procès de cette affaire.

(5) Déclaration par laquelle la victime et d'autres personnes indiquent leurs opinions et sentiments sur l'affaire faisant l'objet des poursuites

(en cas de demande faite par la victime ou d'autres per

（裁）　被害者の方からの心情その他の意見陳述を行います。では，被害者の方は証言台に進んで，その意見を陳述してください。

（害）　・　私は，被告人に殴られて，半年も入院しました。その間，身体の自由が利かず，仕事もできず，とてもつらい思いをしました。

・　被告人のことは，絶対に許せません。

(6)　即決裁判手続

ア　被告事件に対する有罪の陳述

（起訴状朗読及び黙秘権の告知後）

（裁）　検察官が今読んだ事実について何か述べることはありますか。

（被）　間違いありません。

（裁）　事実は間違いないということですが，この事実について，有罪であるとして処罰されても構わないということですか。

（被）　はい。

イ　弁護人の意見

（裁）　弁護人の御意見は。

sonnes)

(J) Nous passons maintenant à la procédure de déclaration par laquelle la victime va indiquer son opinion et ses sentiments. Je demande à la victime de bien vouloir avancer jusqu'à la barre [s'asseoir au siège de témoin] et de faire sa déclaration.

(V)
- Après avoir été frappé par l'accusé, j'ai dû être hospitalisé pendant six mois. Ce fut pour moi une période extrêmement pénible, car je ne pouvais ni me déplacer, ni travailler.
- Je ne pardonnerai jamais ceci à l'accusé.

(6) Procédure judiciaire accélérée

a) Plaidoyer de culpabilité dans l'affaire faisant l'objet des poursuites

(Après lecture de l'acte d'accusation et notification du droit de garder le silence)

(J) Souhaitez-vous déclarer quelque chose concernant ce dont le procureur vient de donner lecture ?

(A) Les faits indiqués sont exacts.

(J) Les faits étant exacts, acceptez-vous d'être puni pour votre culpabilité ?

(A) Oui.

b) Observations de l'avocat de la défense

(J) Monsieur l'avocat de la défense, avez-vous une

（弁）　被告人の陳述と同様です。

ウ　即決裁判手続によって審判する旨の決定

（裁）　本件については，検察官から即決裁判手続の申立てがされています。被告人，弁護人は即決裁判手続によることについて同意しており，被告人は有罪である旨の陳述をしていますので，本件を即決裁判手続によって審判することとします。

エ　証拠調べ請求等

（裁）　では，証拠調べに入ります。検察官，証拠調べ請求をお願いします。

（検）　本件公訴事実を立証するため，証拠等関係カード（甲）（乙）記載の各証拠の取調べを請求します。

（裁）　弁護人，いかがですか。

（弁）　いずれも，証拠とすることに異議はありません。

18　論告

（裁）　検察官，御意見を伺います。

検察官がこの事件に対する意見を述べますので，被告人は聞いていてください。

opinion à formuler ?

(AD) Je suis du même avis que l'accusé, tel qu'il l'a déclaré.

c) Décision de rendre un jugement selon la procédure judiciaire accélérée

(J) Le procureur a requis que cette affaire soit jugée selon la procédure judiciaire accélérée. Étant donné que l'accusé et que son avocat consentent à cette procédure, et que l'accusé a plaidé coupable, le tribunal décide de juger cette affaire selon cette procédure judiciaire accélérée.

d) Demande d'examen des preuves, etc.

(J) Le tribunal va maintenant procéder à l'examen des preuves. Monsieur le procureur, veuillez indiquer votre demande d'examen de preuves.

(P) Pour prouver les faits reprochés, je demande l'examen des preuves énumérées dans les formulaires de liste des preuves (A) et (B).

(J) Monsieur l'avocat de la défense, avez-vous une opinion à formuler ?

(AD) Nous ne contestons aucune des preuves demandées.

18 Réquisitoire

(J) Monsieur le procureur, nous écoutons votre réquisitoire. Le procureur va maintenant exposer son opinion sur cette affaire. Je demande donc à l'accusé d'écouter.

（検）　それでは論告いたします。

- 　まず，事実についてですが，本件公訴事実は，当公判廷で取り調べられた関係各証拠によって証明十分と思料します。
- 　情状について申し上げます。本件は，被告人が，金を稼ぐ目的で，当初から不法に残留することを予定して入国し，2年余りにわたって不法に残留した事案であり，その残留期間の長さなどを考えると，被告人の刑事責任は重大であります。

- 　求刑ですが，以上諸般の事情を考慮し，相当法条適用の上，被告人を，懲役1年6月に処するのを相当と思料します。

19　被害者参加人の弁論としての意見陳述

（事前に被害者参加人からの申出がされ，これが許可されている場合）

（裁）　では，弁論としての意見陳述をお願いします。

（参）　この事件の被害者参加人として，私の意見を述べます。

(P) Mon réquisitoire sera le suivant.

- Tout d'abord, au sujet des faits reprochés, je pense que ceux-ci ont été suffisamment démontrés par les différentes preuves examinées par ce tribunal.
- Concernant les circonstances, l'accusé est entré au Japon dans le but de gagner de l'argent, en projetant dès le départ d'y rester illégalement au-delà de la période autorisée par son statut de séjour, et ce séjour illégal a duré plus de deux ans. Compte tenu de cette longueur, l'accusé porte une responsabilité pénale importante.
- Quant à la demande de peine, compte tenu de ces circonstances, et en application des lois concernées, nous considérons approprié de condamner l'accusé à une peine d'un an et six mois d'emprisonnement avec travail.

19 Déclaration d'opinion faite par la victime participant à la procédure

(Si la victime a effectué une demande préalable de participation à la procédure, et que l'autorisation lui a été accordée)

(J) Nous demandons maintenant à la victime de déclarer son opinion à titre de participation à la procédure.

(V) Je déclare ici mon opinion en tant que victime participant à la procédure dans cette affaire.

・　被告人は，何の関係もない私に対し，いきなり言い掛かりをつけ，その後，急に殴りかかってきました。

・　このため，私は1か月もの入院を余儀なくされるほどの重傷を負いました。入院中は身体の自由が利かず，本当につらい思いをしました。

・　被告人は，私にも落ち度があるなどといって謝罪すら行わず，また，慰謝料はおろか，入院費用さえも支払っていません。

・　このような被告人のことは，どうしても許せません。私は，被告人を懲役4年の刑にしてほしいと思います。

20　弁護人の弁論

(裁)　弁護人の御意見を伺います。

(弁)　では，被告人のため，弁論いたします。

⑴　出入国管理及び難民認定法違反（自白事件）の例

・　本件公訴事実に関しては，被告人は当公判廷においてもこれを素直に認めており，弁護人としてもこれに対し特段異議をとどめるべき点はございません。

- C'est l'accusé qui m'a soudainement cherché querelle sans aucune raison, et qui m'a ensuite brusquement attaqué et frappé.
- Pour cela j'ai été sérieusement blessé, au point de devoir être hospitalisé pendant un long mois. Pendant mon hospitalisation, je ne pouvais pas me déplacer, ce qui fut très pénible.
- L'accusé ne m'a pas fait la moindre excuse, sous le prétexte que c'était aussi de ma faute, et il ne m'a non plus payé aucun frais d'hospitalisation, sans parler de dommages et intérêts.
- Je ne pardonnerai jamais l'accusé. Je souhaite pour ma part qu'il reçoive une peine d'emprisonnement avec travail de quatre ans.

20 Plaidoirie finale de l'avocat de la défense

(J) Monsieur l'avocat de la défense, veuillez faire votre plaidoirie finale.

(AD) Je vais donc maintenant plaider pour l'accusé.

(1) Exemple d'une affaire de violation de [d'infraction à] la Loi sur le contrôle de l'immigration et la reconnaissance des réfugiés (affaire dans laquelle l'accusé [le prévenu] a avoué sa culpabilité)

- L'accusé a honnêtement reconnu devant ce tribunal les faits qui lui sont reprochés dans cette affaire, et en tant que son défenseur, je n'ai aucune objection particulière à

・　被告人も当公判廷で供述したとおり，本件は弁解の余地のない違法行為であり，被告人自身，長期にわたる不法残留については十分反省し，国外に退去した後は２度と日本には来ないと供述しており，今後２度とこのような違法行為を繰り返さないことを誓っているものです。

・　被告人の残留目的は，就労であり，それ以外の不法な目的を有していたものではありません。

・　現に，来日してから逮捕されるまでの間は，まじめに稼働しており，本件以外の犯罪を犯したこともなく，前科前歴はありません。

・　被告人は今回，逮捕，勾留，起訴という厳しい処分を受け，既に相当の期間の身柄拘束処分を受けており，十分な社会的，経済的制裁を受けています。

・　以上の事情を併せ考慮されて，被告人に是非とも自力更生，再起の機会を与えていただきたく，執行猶予の寛大な判決を下されるよう，切にお願いする次第です。

(2)　窃盗（否認事件）の例

formuler à ce sujet.

- Ainsi que l'accusé l'a déclaré devant le tribunal, il a incontestablement commis une infraction qui est inexcusable, et il regrette maintenant ce long dépassement illégal de sa durée de séjour autorisée. L'accusé a déclaré qu'une fois qu'il aura été expulsé, il ne reviendra plus jamais au Japon, et il a aussi promis qu'il ne commettra plus jamais la même infraction.
- L'accusé n'est resté illégalement au Japon que dans le but de travailler, et il n'avait aucun autre motif illégal.
- Depuis son arrivée au Japon et jusqu'à son arrestation, l'accusé a de fait travaillé honnêtement et n'a jamais commis aucun autre crime. Il n'a aucun antécédent judiciaire.
- L'accusé a été soumis à la rude expérience d'une arrestation, d'une détention et d'une accusation. Il a déjà subi une durée de détention considérable, et a été ainsi sanctionné aussi bien sur le plan social qu'économique.
- Vu ces circonstances, nous sollicitons l'indulgence du tribunal, et lui demandons de donner à l'accusé une occasion de se réhabiliter et de repartir dans le droit chemin, en lui accordant un sursis à l'exécution de la peine.

(2) Exemple d'un vol (affaire dans laquelle l'accusé nie sa culpabilité)

・　被告人は，指輪を買うつもりだったのであり，窃盗の故意はなく，無罪です。このことは証拠によって認められる次の事実から明らかであります。

（中略）

・　以上のことから，被告人には窃盗の故意がなく，無罪であります。

21　被告人の最終陳述

（裁）　これで審理を終わりますが，最後に何か言っておきたいことはありますか。

（被）　・　申し訳ないことをしたと思います。

・　私は盗むつもりはありませんでした。早く自分の国へ帰らせてください。

22　公判期日の告知

(1)　次回公判期日の告知

（裁）　次回公判期日は，令和○○年１１月８日午前１０時３０分と指定します。

(2)　判決言渡期日の告知

（裁）　それでは，判決は令和○○年１２月６日午後１時にこの法廷で言い渡します。

23　判決宣告

（裁）　被告人に対する○○被告事件の判決を言い渡します。

（判決主文の例については，第３章及び第４章参照）

- L'accusé avait l'intention d'acheter cette bague, sans aucune intention de commettre un vol, et par conséquent, il est innocent. Ceci est clairement démontré par les faits suivants, qui sont étayés par des preuves.

  (partie omise)

- Par conséquent, l'accusé n'avait pas d'intention de commettre un vol, et il est donc innocent.

21 Déclaration finale de l'accusé [du prévenu]

(J) L'examen de cette affaire est maintenant terminé. L'accusé souhaite-t-il faire une dernière déclaration ?

(A) • Je suis désolé pour ce que j'ai fait.

• Je n'avais pas l'intention de voler. Laissez-moi retourner rapidement dans mon pays.

22 Notification de la date d'audience

(1) Notification de la date de la prochaine audience

(J) Le tribunal fixe la date de la prochaine audience au 8 novembre _____, à 10h30 du matin.

(2) Notification de la date de prononciation du jugement

(J) Le jugement sera prononcé le 6 décembre _____ à 13 h dans ce tribunal.

23 Prononciation du jugement

(J) Le tribunal va maintenant prononcer son jugement concernant l'affaire de _____ pour laquelle l'accusé est poursuivi.

(Voir les chapitres 3 et 4 pour des exemples de

理由・　当裁判所が証拠により認定した罪となるべき事実（犯罪事実）の要旨は次のとおりである。

・　そこで，所定の法条（法律）を適用して，主文のとおり判決する。

・　刑を定めるに当たって考慮した事情は以下のとおりである。

（判決理由の例については，第５章及び第６章参照）

24　刑の全部の執行猶予の説明

⑴　身柄拘束中の被告人の刑の全部の執行猶予

（裁）　刑事裁判の手続としては，釈放されます。今後○年間のうちに日本で罪を犯さなければ，刑務所に入らなくてもよくなります。しかし，この○年間のうちに日本で罪を犯してまた刑に処せられることがあると，この執行猶予は取り消されます。そうなると，今回の懲役○年の刑を実際に受けなければならなくなります。もちろん，その場合には新たに犯した罪の刑も受けます。そういうことのないように，十分注意してください。

dispositifs de jugement)

Motifs

- Le résumé des faits (faits criminels [délictueux]) constituant le crime [délit] que le tribunal a reconnu sur la base de preuves est le suivant.
- En application des dispositions (lois) prévues, le tribunal a prononcé son jugement tel qu'énoncé dans son dispositif.
- Les circonstances dont le tribunal a tenu compte pour déterminer la peine sont les suivantes.

(Voir les Chapitres 5 et 6 pour des exemples de motifs de jugement)

24 Explication du sursis total à l'exécution de la peine

(1) Sursis total à l'exécution de la peine pour un accusé [prévenu] en détention

(J) En résultat de la procédure pénale, vous allez être libéré. Vous n'irez pas en prison si vous ne commettez désormais ni crime ni délit au Japon pendant _____ ans. Toutefois, si jamais pendant cette période de _____ années, vous commettez un crime ou un délit pour lequel vous recevez une nouvelle peine, le présent sursis (à l'exécution de votre peine) sera révoqué. Vous aurez alors à exécuter la présente peine de _____ années d'emprisonnement avec travail, en plus de la nouvelle peine reçue pour le crime éventuellement

(2) 既に不法残留になっている被告人の刑の全部の執行猶予

（裁） なお，被告人の場合は既に在留期間が経過していますから，この判決の後間もなく，入国管理局において被告人を本国に送還する手続がなされると思います。したがって，結局，送還後○年間日本に来て犯罪を犯さなければ，今回の刑を受けることはないということになります。

25 刑の一部の執行猶予の説明

（裁） 主文は先ほど述べたとおり，懲役○年です。このうち，○月の執行を猶予することとなりますが，その残りについては猶予されません。猶予された○月分については，今後○年間のうちに日本で罪を犯さなければ，刑務所に入らなくてもよくなります。しかし，この○年間のうちに日本で罪を犯してまた刑に処せられることがあると，この執行猶予は取り消されます。そうなると，猶予された○月分の刑についても実際に受けなければならなくなります。もちろん，その場合には新たに犯した罪の刑も受けます。そういうことのないように，十分注意してください。

commis. Prenez bien garde à ne pas vous retrouver dans une telle situation.

(2) Sursis total à l'exécution de la peine pour un accusé se trouvant déjà en situation de prolongation illégale de séjour au Japon

(J) De plus, votre durée de séjour autorisée est déjà dépassée. Par conséquent, après ce jugement, le Bureau national de l'immigration devrait sans délai prendre contre vous des mesures d'expulsion vers votre pays. Vous n'exécuterez donc pas en fait la présente peine si vous ne commettez aucune infraction au Japon pendant _____ années après votre expulsion.

25 Explication du sursis partiel à l'exécution de la peine

(J) Ainsi qu'indiqué auparavant dans le texte du jugement, votre peine d'emprisonnement avec travail est de _____ années [vous êtes condamné à __ ans d'emprisonnement avec travail]. Cette durée comprend aussi _____ mois de sursis à l'exécution de cette peine, mais le reste de la peine est ferme. Vous n'irez pas en prison pour ces mois de peine avec sursis si vous ne commettez aucun crime [délit] au Japon pendant les _____ prochaines années. Cependant, si vous commettez un crime au Japon au cours de ces _____ années et recevez une peine, ce sursis sera révoqué. Vous devrez alors exécuter ces _____ mois de peine pour lesquels vous aviez bénéficié d'un sursis. Bien

26　未決勾留日数の説明

（裁）　被告人はこれまで相当期間勾留されていますから，そのうちの○日間は既に刑の執行を受け終わったものとします。したがって，言い渡した○年○か月の刑から実際には○日間が差し引かれることになります。

27　保護観察の説明

（裁）　保護観察というのは，保護観察官及び保護司の指導監督によって，被告人が再び間違いを起こすことのないように手助けする制度です。普通は毎月１回以上保護司と会って，被告人の日ごろの生活について指導を受けることになります。

この判決の確定後，速やかに，保護観察所に出頭して保護観察所の説明を受けてください。保護観察所では，守らなければならない事項について指示されますが，もし，この遵守事項を守らない場合には，この刑の執行猶予を取り消されることがあります。また，再

sûr, dans ce cas, vous recevrez aussi une peine pour le nouveau crime éventuellement commis. Prenez bien garde à ne pas vous retrouver dans une telle situation.

26 Explication sur le nombre de jours passés en détention provisoire

(J) Étant donné que vous avez déjà passé un certain temps en détention, il est considéré que cette durée inclut _____ jours pour lesquels vous avez déjà achevé l'exécution de votre peine. Par conséquent, _____ jours seront déduits de la peine de _____ années et _____ mois prononcée contre vous.

27 Explication de la liberté surveillée [probation]

(J) La liberté surveillée est un régime destiné à aider l'accusé [le prévenu] à ne pas commettre de nouvelle faute, sous la supervision de l'agent de liberté surveillée et du délégué à la liberté surveillée bénévole. En général, l'accusé rencontre le délégué à la liberté surveillée bénévole au moins une fois par mois, pour recevoir des instructions en bénéficiant d'un accompagnement concernant sa vie quotidienne.

Dès que ce jugement sera devenu définitif, présentez-vous au bureau de la liberté surveillée pour y recevoir des explications. Le bureau de la liberté surveillée vous donnera des instructions à respecter, et si vous manquez de respecter celles-ci, votre sursis à

び犯罪を犯して禁錮以上の刑に処せられた場合には法律上執行猶予を付けることができないので，そのようなことのないよう十分注意してください。

28　上訴権の告知

（裁）　この判決に不服がある場合には，控訴〈上告〉の申立てをすることができます。その場合には，明日から１４日以内に〇〇高等裁判所〈最高裁判所〉あての控訴〈上告〉申立書をこの裁判所に差し出してください。

第３章　第一審における判決主文の例

1　有罪の場合

(1)　主刑

ア　基本型

・　被告人を懲役〈禁錮〉１年に処する。

・　被告人を罰金２０万円に処する。

・　被告人を拘留１０日に処する。

イ　少年に不定期刑を言い渡す場合

l'exécution de votre peine pourra être révoqué. En outre, si en raison d'un nouveau crime [délit], vous recevez une peine d'emprisonnement sans travail ou une peine plus grave, aucun sursis à l'exécution de la peine ne pourra vous être légalement accordé. Prenez donc bien garde à ne pas vous trouver dans une telle situation.

28 Notification du droit d'appel

(J) Si vous n'êtes pas satisfait du présent jugement, vous pouvez faire appel devant le tribunal de deuxième instance [faire un appel *Koso*] < vous pourvoir en cassation [former un pourvoi *Jokoku*] >. Dans ce cas, veuillez remettre à ce tribunal, dans un délai de 14 jours à compter de demain, votre déclaration d'appel (*Koso*) < de pourvoi (*Jokoku*) > adressée à la Cour d'appel de _____ < la Cour suprême >.

Chapitre 3 Exemples de dispositifs de jugement en première instance

1 En cas de culpabilité

(1) Peine principale

a) Énoncé de base

- L'accusé [le prévenu] est condamné à un an d'emprisonnement avec travail < sans travail >.
- L'accusé est condamné à une amende de 200 000 yens.
- L'accusé est condamné à 10 jours de détention.

b) Cas d'une peine de durée indéterminée pour un mineur

被告人を懲役5年以上7年以下に処する。

ウ　併科の場合

被告人を懲役1年及び罰金20万円に処する。

エ　主文が2つになる場合

被告人を判示第1の罪について懲役1年に，判示第2の罪について懲役2年に処する。

(2)　未決勾留日数の算入

ア　基本型

未決勾留日数中30日をその刑に算入する。

イ　本刑が数個ある場合

未決勾留日数中30日を判示第1の罪の刑に算入する。

ウ　本刑が罰金・科料の場合

未決勾留日数中30日を，その1日を金5000円に換算して，その刑に算入する。

エ　刑期・金額の全部に算入する場合

L'accusé est condamné à une peine d'emprisonnement avec travail d'une durée minimum de 5 ans et d'une durée maximum de 7 ans.

c) Peine cumulative

L'accusé est cumulativement condamné à un an d'emprisonnement avec travail et à une amende de 200 000 yens.

d) Cas de deux jugements séparés

L'accusé est condamné à un an d'emprisonnement avec travail pour le premier crime, et à deux ans d'emprisonnement avec travail pour le second crime.

(2) Inclusion du nombre de jours passés en détention provisoire

a) Énoncé de base

Parmi le nombre de jours passés en détention provisoire, 30 jours seront déduits de la peine.

b) Cas de plusieurs peines principales

Parmi le nombre de jours passés en détention provisoire, 30 jours seront déduits de la peine punissant le premier crime.

c) Cas où la peine principale est une amende ou une peine pécuniaire [amende de police]

Parmi le nombre de jours passés en détention provisoire, 30 jours seront déduits du montant de l'amende à raison de 5 000 yens par jour.

d) Cas où des jours passés en détention provisoire sont

・　未決勾留日数中，その刑期に満つるまでの分をその刑に算入する。

・　未決勾留日数中，その１日を金５０００円に換算してその罰金額に満つるまでの分を，その刑に算入する。

(3)　労役場留置

ア　基本型

その罰金を完納することができないときは，金５０００円を１日に換算した期間被告人を労役場に留置する。

イ　端数の出る場合

その罰金を完納することができないときは，金６０００円を１日に換算した期間（端数は１日に換算する。）被告人を労役場に留置する。

(4)　刑の全部の執行猶予

この裁判が確定した日から３年間その刑の執行を猶予す

déduits jusqu'à concurrence de la durée totale de la peine d'emprisonnement ou du montant total de l'amende

- Une partie du nombre de jours passés en détention provisoire sera déduite de la durée d'emprisonnement jusqu'à concurrence du total de la peine d'emprisonnement.
- Une partie du nombre de jours passés en détention provisoire, calculée à raison de 5 000 yens par jour, sera déduite de la durée d'emprisonnement jusqu'à concurrence du montant total de l'amende.

(3) Détention dans un établissement de travail

a) Énoncé de base

Si l'accusé est incapable de s'acquitter de cette amende, il sera placé en détention dans un établissement de travail [atelier pénitentiaire] pour une durée qui correspondra au montant de l'amende et sera calculée à raison de 5 000 yens par jour.

b) En cas de fractions

Si l'accusé est incapable de s'acquitter de cette amende, il sera placé en détention dans un établissement de travail pour une durée qui correspondra au montant de l'amende et sera calculée à raison de 6 000 yens par jour (toute fraction de jour sera considérée comme un jour entier).

(4) Sursis total à l'exécution de la peine

Cette peine est assortie d'un sursis de trois ans à compter de

る。

(5) 刑の一部の執行猶予の場合

・ 被告人を懲役３年に処する。その刑の一部である懲役６月の執行を２年間猶予する。

・ 被告人を懲役３年に処する。その刑の一部である懲役６月の執行を２年間猶予し，その猶予の期間中被告人を保護観察に付する。

(6) 保護観察

被告人をその猶予の期間中保護観察に付する。

(7) 補導処分

被告人を補導処分に付する。

(8) 没収

ア 基本型

押収してある短刀１本（令和〇〇年押第〇〇号の１）を没収する。

イ 偽造・変造部分の没収

押収してある約束手形１通（令和〇〇年押第〇〇号の１）の偽造部分を没収する。

ウ 裁判所が押収していない物の没収

la date du jugement définitif.

(5) Sursis partiel à l'exécution de la peine

- L'accusé est condamné à trois ans d'emprisonnement avec travail. La peine est assortie d'un sursis de deux ans à l'exécution de six mois d'emprisonnement avec travail qui sont inclus dans cette peine.
- L'accusé est condamné à trois ans d'emprisonnement avec travail. La peine est assortie d'un sursis de deux ans à l'exécution de six mois d'emprisonnement avec travail qui sont inclus dans cette peine, et l'accusé sera placé en liberté surveillée pendant cette période de sursis.

(6) Liberté surveillée [probation]

L'accusé sera placé en liberté surveillée pendant la période de sursis.

(7) Mesure d'encadrement [d'orientation]

L'accusé fera l'objet d'une mesure d'encadrement.

(8) Confiscation

a) Énoncé de base

Le sabre court qui a été saisi (article No.XX-1, saisi le _____) est confisqué.

b) Confiscation de parties de documents falsifiées ou altérées

La partie falsifiée du billet à ordre qui a été saisi (article No.XX-1, saisi le _____) est confisquée.

c) Confiscation d'un article qui n'a pas été saisi par le

○○地方検察庁で保管中の約束手形１通（令和○○年○地領第○○号の１）を没収する。

エ　犯罪被害財産の没収

○○地方検察庁で保管中の現金８００万円（令和○○年○地領第○○号の１，当該現金は犯罪被害財産）を没収する。

(9)　追徴

ア　基本型

被告人から金１０万円を追徴する。

イ　犯罪被害財産の価額の追徴

被告人から金３００万円（当該金３００万円は犯罪被害財産の価額）を追徴する。

(10)　被害者還付

ア　基本型

押収してある本１冊（令和○○年押第○○号の１）を被害者Ａに還付する。

イ　被害者不明の場合

押収してある本１冊（令和○○年押第○○号の１）を

tribunal

Le billet à ordre sous la garde du parquet de district de _____ (article No.XX-1 du _____ ; sous la garde du parquet de district de _____) est confisqué.

d) Confiscation des biens qui sont le produit du crime

Les huit millions de yens en liquide sous la garde du parquet de district de _____ (article No.XX-1 du _____ ; sous la garde du parquet de district de _____ ; considéré comme le produit du crime), sont confisqués.

(9) Recouvrement de valeur équivalente

a) Énoncé de base

À la place de la confiscation, l'accusé paiera la somme de 100 000 yens au titre du recouvrement d'une valeur équivalente à l'article sujet à confiscation.

b) Recouvrement d'une valeur équivalente aux biens qui sont le produit du crime

À la place de la confiscation, l'accusé paiera la somme de trois millions de yens au titre du recouvrement d'une valeur équivalente aux biens qui sont le produit du crime.

(10) Restitution à la victime

a) Énoncé de base

Le livre qui a été saisi (article No.XX-1, saisi le _____) sera restitué à la victime A.

b) Cas d'une victime inconnue

Le livre qui a été saisi (article No.XX-1, saisi le _____)

被害者（氏名不詳）に還付する。

ウ　被害者が死亡した場合

押収してある本１冊（令和○○年押第○○号の１）を被害者Ａの相続人に還付する。

⑾　仮納付

被告人に対し，仮にその罰金に相当する金額を納付すべきことを命ずる。

⑿　訴訟費用の負担

・　訴訟費用は被告人の負担とする。

・　訴訟費用は被告人両名の連帯負担とする。

・　訴訟費用は，その２分の１ずつを各被告人の負担とする。

・　訴訟費用のうち，証人Ａに支給した分は被告人の負担とする。

・　訴訟費用中通訳人○○○○に支給した分を除き，その余の分は被告人の負担とする。

⒀　刑の執行の減軽又は免除

・　その刑の執行を懲役１年に減軽する。

・　被告人を懲役１年に処し，その刑の執行を免除する。

⒁　刑の免除

sera restitué à la victime (qui n'a pas été identifiée).

c) Cas d'une victime décédée

Le livre qui a été saisi (article No.XX-1, saisi le _____) sera restitué aux héritiers de la victime A.

(11) Paiement provisoire

Le tribunal ordonne à l'accusé de payer à titre provisoire un montant équivalent à l'amende dont il est redevable.

(12) Charge des frais de justice [dépens du procès]

- Les frais de justice seront à la charge de l'accusé.
- Les frais de justice seront solidairement à la charge des deux accusés.
- Les frais de justice seront à la charge des accusés à concurrence d'une moitié chacun.
- Parmi les frais de justice, la partie payée au témoin A sera à la charge de l'accusé.
- L'accusé devra payer tous les frais de justice, à l'exception du coût de l'interprète _____.

(13) Réduction [allègement] ou remise de l'exécution de la peine

- L'exécution de la peine sera réduite à un an d'emprisonnement avec travail.
- L'accusé est condamné à une peine d'un an d'emprisonnement avec travail, avec toutefois remise de l'exécution de cette peine.

(14) Remise de peine

被告人に対し刑を免除する。

2　無罪・一部無罪の場合

(1)　無罪

被告人は無罪。

(2)　一部無罪

本件公訴事実中詐欺の点については，被告人は無罪。

3　その他の場合

(1)　免訴

被告人を免訴する。

(2)　公訴棄却

本件公訴を棄却する。

(3)　管轄違い

本件は管轄違い。

第4章　控訴審における判決主文の例

1　控訴棄却・破棄

(1)　控訴棄却

- 本件控訴を棄却する。
- 本件各控訴を棄却する。
- 本件控訴中被告人○○に関する部分を棄却する。

(2)　破棄自判

L'accusé bénéfice d'une remise de la peine.

2 En cas d'acquittement ou d'acquittement partiel

(1) Acquittement

L'accusé [le prévenu] est acquitté.

(2) Acquittement partiel

Parmi les faits reprochés, l'accusé est acquitté du délit de fraude.

3 Autres cas

(1) Non-lieu

L'accusé bénéficie d'un non-lieu.

(2) Rejet de l'action publique

La présente action publique est rejetée.

(3) Incompétence

Le tribunal se déclare incompétent en la matière.

Chapitre 4 Exemples de dispositifs de jugement en instance d'appel (*Koso*)

1 Rejet de l'appel, annulation du jugement de première instance

(1) Rejet de l'appel

- L'appel contre ledit jugement est rejeté.
- Tous les appels contre ledit jugement sont rejetés.
- L'appel contre ledit jugement concernant l'accusé _____ est rejeté.

(2) Annulation du jugement de première instance et arrêt rendu en deuxième instance [décision de fond à la place du

・　原判決を破棄する。被告人を懲役○年○月に処する。

・　原判決中有罪部分を破棄する。被告人は無罪。

・　被告人らに対する各原判決を破棄する。被告人Aを懲役１年に，被告人Bを懲役６月にそれぞれ処する。

・　原判決中被告人○○に関する部分を破棄する。被告人○○を懲役３年に処する。

(3)　破棄差戻し

原判決を破棄する。本件を○○地方裁判所に差し戻す。

(4)　破棄移送

原判決を破棄する。本件を○○地方裁判所に移送する。

2　未決勾留日数の算入

・　当審における未決勾留日数中○○日を原判決の刑に算入する。

jugement annulé]

- Le jugement de première instance est annulé. L'accusé est condamné à _____ ans et _____ mois d'emprisonnement avec travail.
- Les parties du jugement de première instance relatives à la culpabilité de l'accusé sont annulées. L'accusé est acquitté.
- Le jugement de première instance à l'encontre des accusés [co-accusés] est annulé. L'accusé A est condamné à un an d'emprisonnement avec travail, l'accusé B est condamné à six mois d'emprisonnement avec travail.
- Les parties du jugement de première instance relatives à l'accusé _____ sont annulées. L'accusé _____ est condamné à trois ans d'emprisonnement avec travail.

(3) Annulation du jugement de première instance et renvoi devant la juridiction de première instance

Le jugement de première instance est annulé. L'affaire est renvoyée devant le tribunal de district de _____.

(4) Annulation du jugement de première instance et transfert à un autre tribunal

Le jugement de première instance est annulé. L'affaire est transférée au tribunal de district de _____.

2 Inclusion du nombre de jours passés en détention provisoire

- Parmi le nombre de jours passés par l'accusé en détention provisoire en attente du jugement en appel, _____ jours

・　原審における未決勾留日数中〇〇日をその刑に算入する。

3　訴訟費用の負担

・　当審における訴訟費用中通訳人〇〇〇〇に支給した分を除き，その余の分は被告人の負担とする。

・　原審における訴訟費用中証人〇〇〇〇に支給した分は，被告人の負担とする。

第5章　第一審における判決理由

1　罪となるべき事実

(1)　不正作出支払用カード電磁的記録供用罪及び窃盗罪の例

「被告人は，A名義のキャッシュカードを構成する人の財産上の事務処理の用に供する電磁的記録を不正に作出して構成されたB名義のキャッシュカードの外観を有する不正電磁的記録カード１枚を使用して，金員を窃取しようと企て，令和〇〇年６月12日午前11時30分ころ，東京都杉並区西荻窪４丁目２番５号所在のC銀行西荻窪支店において，前後２回にわたり，人の財産上の事務処理を誤ら

seront déduits de la peine prononcée par le jugement de première instance.

- Parmi le nombre de jours passés par l'accusé en détention provisoire en attente du jugement du tribunal de première instance, _____ jours seront déduits de la peine ici prononcée.

3 Charge des frais de justice

- Les frais de justice de cette instance, à l'exception des sommes payées à l'interprète _____, seront entièrement à la charge de l'accusé.
- Parmi les frais de justice du tribunal de première instance, les sommes payées au témoin _____ seront à la charge de l'accusé.

Chapitre 5 Motifs de jugement en première instance

1 Faits constituant le crime [délit]

(1) Exemple 1 : Utilisation d'un enregistrement électromagnétique créé frauduleusement dans une carte de paiement et vol d'argent

L'accusé [le prévenu] a tenté de voler de l'argent au moyen d'une carte qui comportait un enregistrement électromagnétique frauduleux, et présentait l'apparence d'une carte appartenant à B, mais qui avait été réalisée en créant frauduleusement un enregistrement électromagnétique destiné à être utilisé pour l'administration des affaires financières par une autre personne, et codé sur la carte de

せる目的で，上記カードを同所設置の現金自動預払機に挿入させて同カードの電磁的記録を読み取らせて同機を作動させ，同カードの電磁的記録を人の財産上の事務処理の用に供するとともに，同機からC銀行西荻窪支店長管理に係る現金50万円を引き出して窃取したものである。」

(2) 殺人罪の例（確定的故意の場合）

「被告人は，A（当時62歳）に雇われ，東京都江東区山中町5丁目2番4号所在の同人方に住み込んでいたものであるが，被告人が通行人に罵声を浴びせたのを前記Aから叱責されて口論のあげく激高し，とっさに，同人を殺害しようと決意し，令和○○年3月8日午後7時ころ，同人方6畳間の押し入れの中から刃体の長さ13センチメートルのくり小刀を持ち出して携え，同所において，左手で前記Aの襟首をつかんで引き寄せながら，右手に持っていた前記くり小刀で同人の左胸部を突き刺し，同人がその場から逃げ出すや，追跡して同人方前路上でこれに追い付き，

paiement émise au nom de A. Le 12 juin _____, vers 11h30 du matin, à l'agence de Nishi-Ogikubo de la banque C, située au 4-2-5 Nishi-Ogikubo, Suginami-ku, Tokyo, l'accusé a inséré ladite carte deux fois dans la fente du guichet automatique placé dans cette agence, dans le but de falsifier l'administration des affaires financières par une autre personne en faisant fonctionner la machine d'après l'enregistrement électromagnétique lu sur la carte. L'accusé a ainsi utilisé l'enregistrement électromagnétique codé sur la carte pour l'administration des affaires financières par une autre personne, a retiré de la machine 500 000 yens en liquide qui étaient sous la responsabilité du directeur de l'agence de Nishi-Ogikubo de la banque C, et a ainsi volé l'argent.

(2) Exemple 2 : Meurtre (intention déterminée)

L'accusé, employé par A (âgé de 62 ans au moment des faits) et domicilié chez ce dernier, au 5-2-4 Yamanaka-cho, Koto-ku, Tokyo, s'est querellé avec A après que ce dernier lui a reproché d'avoir invectivé les passants, et il s'est mis en colère et a promptement décidé de tuer A. Le 8 mars _____, vers 19h, l'accusé s'est emparé d'un couteau à lame de 13 cm de long, qui se trouvait dans le placard d'une pièce de six tatamis située au domicile de A, a saisi de la main gauche A par le col de sa chemise, et lui a donné un coup avec ce couteau dans la partie supérieure gauche de la poitrine,

同所において，更に前記くり小刀で同人の左背部を突き刺し，よって，同人をして心臓刺切に基づく失血により即死させて殺害したものである。」

(3) 殺人罪の例（未必的故意の場合）

「被告人は，かねて，東京都千代田区山中２丁目８番９号所在のスナック「甲」の店員Ａ（当時３０歳）から軽蔑の目でみられていることに憤まんの情を抱いていたところ，令和〇〇年８月７日午後１時３０分ころ，前記「甲」において，客として，前記Ａにビールを注文したにもかかわらず，同人から「今日は帰れ。」と断られた上，刺身包丁を示され，「刺すなら刺してみろ。」と言われ，小心者と馬鹿にされたものと激高し酒の酔いも加わった勢いから，とっさに，同人が死亡する危険性が高い行為と分かっていながら，持ち合わせていた登山用ナイフ（刃体の長さ１０センチメートル）で，同人の右下腹部を１回突き刺し，よって同月８日午前２時５分ころ，同区北川５丁目８番８号乙病院において同人を右腎等刺切による失血のため死亡させ，もって，同人を殺害したものである。」

tenant le couteau en question de la main droite. Lorsque A a tenté de s'échapper pour se protéger, l'accusé l'a poursuivi et rattrapé sur la chaussée devant le domicile de A, et l'a de nouveau frappé de coups de couteau, cette fois-ci dans la partie supérieure gauche du dos, provoquant la mort instantanée de A suite aux hémorragies occasionnées par la pénétration d'un coup de couteau au cœur. Cet acte constitue un meurtre.

(3) Exemple 3 : Meurtre (*dolus eventualis*)

L'accusé éprouvait une rancœur contre A (âgé de 30 ans au moment des faits), un employé du bar X situé au 2-8-9 Yamanaka, Chiyoda-ku, Tokyo, parce qu'il avait été considéré avec mépris par A. Lorsque l'accusé s'est rendu au bar X comme client le 7 août _____ vers 13h30, A a refusé de servir une bouteille de bière que l'accusé avait commandée, en lui disant : « Aujourd'hui, rentre chez toi », puis il a dit à l'accusé, en lui montrant un couteau à poisson : « Vas-y, donne-moi un coup de couteau, si tu en es capable ». Pris de colère parce qu'il se sentait ridiculisé, se trouvant sous l'effet de l'alcool, et bien que conscient qu'un tel acte risquait probablement de causer la mort de A, l'accusé a donné un coup de couteau dans le bas-ventre droit de A, au moyen du couteau d'alpiniste que l'accusé portait sur lui (lame de 10 cm de long), provoquant ainsi la mort de A, qui est décédé le 8 août _____ vers 2h05 du matin à l'hôpital Y,

(4) 傷害罪の例

「被告人は，令和○○年９月２日午後１時５分ころ，横浜市港南区日野南３丁目６番１７号先路上で，通行中のＡ（当時６２歳）に「おまえ，どこを歩いとるんじゃ。」などと因縁をつけ，こぶしでその顔を２回殴って転倒させ，その上に馬乗りになって更にその顔をこぶしで数回殴った。この暴行により，Ａに約５日間の加療を要する右肘部挫滅傷，顔面挫滅傷の傷害を負わせたものである。」

(5) 窃盗罪（万引）の例

「被告人両名は，共謀の上，令和○○年３月４日午後零時４５分ころ，東京都豊島区北山町１番２号株式会社甲池袋店において，同店店長Ａ管理のシャープペンシル３８本など合計８４点（定価合計３万０８５０円相当）を窃取したものである。」

(6) 窃盗罪（すり）の例

「被告人両名は，共謀の上，令和○○年３月４日午後４

situé au 5-8-8 Kitagawa, Chiyoda-ku, Tokyo, à la suite d'une hémorragie importante provoquée par les perforations faites au rein droit et autres parties du corps par le coup de couteau. Cet acte constitue un meurtre.

(4) Exemple 4 : Coups et blessures

Le 2 septembre _____, vers 13h05, dans la rue située à proximité du 3-6-17 Hino-minami, Konan-ku, Yokohama-shi, l'accusé a cherché querelle à A (âgé de 62 ans au moment des faits), qui passait à cet endroit. L'accusé a apostrophé A avec des mots tels que : « Eh toi, regarde où tu marches », et l'a frappé des poings deux fois au visage, le faisant chuter au sol. L'accusé a alors chevauché A et l'a de nouveau frappé plusieurs fois au visage. Ces violences ont causé chez A des blessures consistant en des contusions au coude droit et au visage, qui ont nécessité environ cinq jours de traitement médical.

(5) Exemple 5 : Vol (à l'étalage)

Le 4 mars _____, vers 12h45 dans l'après-midi, au magasin d'Ikebukuro de la société anonyme X, situé au 1-2 Kitayama-cho, Toshima-ku, Tokyo, les deux accusés, agissant en complicité, ont volé en tout 84 articles y compris 38 portemines (pour une valeur totale de 30 850 yens), qui étaient sous la responsabilité de A, gérant de ce magasin.

(6) Exemple 6 : Vol (à la tire)

Le 4 mars _____, vers 16h54, les deux accusés, agissant en

時54分ころ，東京都台東区山下町1番2号付近路上で，被告人Xにおいて，通行中のA（当時30歳）が右肩に掛けていたショルダーバッグ内から，同人所有の現金4万3759円及びキャッシュカード等6点在中の札入れ1個（時価約1万円相当）を抜き取って，これを窃取したものである。」

(7) 強盗致死罪の例

「被告人は，遊興費欲しさとうっ憤晴らしのために，適当な相手を見つけて袋だたきにして所持金等を強取しようと考え，A，Bと共謀の上，令和○○年12月3日午前3時10分ころ，さいたま市大宮区高鼻町14番1号付近の路上において，たまたま通りかかったC（当時20歳）に対し，被告人，A，Bにおいてこもごも，その顔面，頭部，腹部等を多数回にわたってこぶしで殴り，力一杯蹴り付けるなどの暴行を加えた上，Aにおいて，抵抗できなくなったCからその所有する現金3万2000円くらいが入った財布1個を奪い取ったが，その際前記各暴行によって，Cに対し左側急性硬膜下血腫，脳挫傷，外傷性くも膜下血腫の傷害を負わせ，同月13日午後4時12分ころ，さいたま市大宮区盆栽町2丁目3番2号甲病院において，それらの傷害により同人を死亡させたものである。」

complicité, ont commis un vol au préjudice de A (âgé de 30 ans au moment des faits), qui passait dans la rue à proximité du 1-2 Yamashita-cho, Taito-ku, Tokyo, en portant sur l'épaule droite un sac à bandoulière. Le vol a été commis lorsque X a pris dans ce sac un portefeuille (d'une valeur d'environ 10 000 yens) contenant six articles, y compris 43 759 yens en liquide et une carte de paiement, qui appartenaient tous à A.

(7) Exemple 7 : Vol accompagné de violences ou de menaces ayant entraîné la mort

L'accusé, pour assurer ses dépenses d'amusement et pour se défouler, a eu l'idée de trouver quelqu'un au hasard, de le rouer de coups et de lui voler son argent et ses possessions. Le 3 décembre _____, vers 3h10 du matin, dans la rue à proximité de 14-1 Takahana-cho, Omiya-ku, Saitama-shi, l'accusé, A et B, agissant en complicité, ont commis des violences sur C (âgé d'environ 20 ans au moment des faits), qui passait par hasard à cet endroit, le frappant plusieurs fois de toutes leurs forces chacun leur tour, avec leurs poings et leurs pieds, au visage, à la tête, au ventre et sur d'autres parties du corps. A a dérobé à C, qui ne pouvait plus résister, un portefeuille appartenant à ce dernier, qui contenait 32 000 yens en liquide. L'accusé, A et B, en résultat des violences précitées, ont provoqué chez C des blessures consistant en un hématome sous-dural aigu gauche, une contusion cérébrale et

(8)　詐欺罪の例

「被告人は，不正に入手した甲カード株式会社発行のＡ名義のクレジットカードを使用してその加盟店から商品をだまし取ろうと企て，令和○○年４月５日午前11時15分ころ，東京都中央区中村町３番先乙ショッピングセンター１階株式会社丙銀座店において，同店店長Ｂに対し，代金支払の意思及び能力がないのに，自己がクレジットカードの正当な使用権限を有するＡであって，クレジットカードシステムによって代金の支払をするもののように装い，前記クレジットカードを提示してスーツ等３点の購入を申し込み，前記Ｂをしてその旨誤信させ，よって即時同所において，同人からスーツ等３点（価格合計７万3700円相当）の交付を受けてこれをだまし取ったものである。」

(9)　覚醒剤取締法違反罪の例

「被告人は，法定の除外事由がないのに，令和○○年４

un hématome sous-arachnoïdien traumatique, blessures qui ont causé sa mort le 13 décembre _____, vers 16h12, à l'hôpital X situé au 2-3-2, Bonsai-cho, Omiya-ku, Saitama-shi.

(8) Exemple 8 : Escroquerie

L'accusé, après avoir frauduleusement obtenu une carte de crédit émise au nom de A par la société des cartes X, a planifié d'utiliser cette carte pour escroquer les biens d'un commerce affilié au réseau de la société émettrice de la carte. Le 5 avril _____, vers 11h15 du matin, au magasin de Ginza de la société anonyme Y, situé au rez-de-chaussée du centre commercial Z, à proximité du 3 Nakamura-cho, Chuo-ku, Tokyo, l'accusé a présenté ladite carte à B, gérant du magasin, lui proposant d'acheter trois articles, y compris un costume, en prétendant qu'il était A, détenteur de l'autorisation légale d'utiliser sa propre carte, et qu'il paierait le prix au moyen du système de carte de crédit, alors qu'il n'avait ni l'intention, ni le pouvoir de payer ce prix. Trompant ainsi B, l'accusé s'est fait remettre par B les trois articles (d'une valeur totale de 73 700 yens) y compris un costume, au moment et à l'endroit précité, escroquant ainsi ces biens.

(9) Exemple 9 : Violation de [infraction à] la Loi sur le contrôle des drogues stimulantes

Le 5 avril _____, vers 18h30, à son domicile situé au 3-6

月５日午後６時30分ころ，山中市山田町３番６号の被告人方において，覚醒剤であるフェニルメチルアミノプロパンの塩類若干量を含有する水溶液を自己の身体に注射し，もって，覚醒剤を使用したものである。」

⑽　大麻取締法違反罪の例

「被告人は，みだりに，大麻を輸入しようと企て，大麻草70.94グラム（種子を含む）を自己の着用する両足靴下底にそれぞれ隠匿携帯した上，○○○○年５月３日（現地時間），Ａ国○○国際空港から○○航空017便の航空機に搭乗し，令和○○年５月４日午後零時30分ころ千葉県成田市所在の成田国際空港に到着し，大麻を身につけたまま同航空機から本邦に上陸し，もって，本邦内に大麻を輸入したものである。」

⑾　麻薬及び向精神薬取締法違反罪の例

「被告人は，みだりに，令和○○年６月10日午後６時ころ，東京都千代田区田中町３番１号の被告人方洋服ダンス内に麻薬である塩酸ジアセチルモルヒネの粉末約10グラムを所持したものである。」

Yamada-cho, Yamanaka-shi, l'accusé, en l'absence de raison légale justifiant un traitement exceptionnel, a utilisé une drogue stimulante en s'injectant une solution aqueuse contenant une certaine quantité de sels de phényl-méthyl-amino-propane, qui sont une drogue stimulante.

(10) Exemple 10 : Violation de la Loi sur le contrôle du cannabis

En l'absence de raison légitime, et dans l'intention d'importer du cannabis, l'accusé a embarqué sur l'avion du vol 017 de la compagnie aérienne _____, à l'aéroport international de _____ dans le pays A, le 3 mai _____ (heure locale), en ayant dissimulé 70,94 g de feuilles de cannabis (graines incluses), dont il était en possession, dans les semelles des chaussettes qu'il portait. En arrivant le 4 mai _____ vers 12h30 de l'après-midi à l'Aéroport international de Narita, situé à Narita-shi, Chiba, l'accusé a débarqué au Japon depuis l'avion précité en portant toujours le cannabis sur lui, et a ainsi importé du cannabis au Japon.

(11) Exemple 11 : Violation de la Loi sur le contrôle des stupéfiants et des psychotropes

Le 10 juin _____, vers 18h, l'accusé, en l'absence de raison légitime, a détenu environ 10 g de poudre de chlorhydrate de diacétylmorphine, qui est catégorisé comme stupéfiant, dans la garde-robe de son domicile situé au 3-1

⑿　売春防止法違反罪の例

「被告人は，売春をする目的で，令和○○年10月8日午後11時20分ころから同日午後11時45分ころまでの間，横浜市港北区新横浜町2丁目5番10号喫茶店「甲」横付近から同区同町2丁目2番4号乙銀行新横浜支店前に至る間の路上をうろつき，あるいは立ち止まるなどし，もって，公衆の目にふれるような方法で客待ちをしたものである。」

⒀　過失運転致傷罪の例

「被告人は，令和○○年9月12日午前9時30分ころ，普通乗用自動車を運転し，東京都武蔵野市吉祥寺東町31番地付近道路先の左方に湾曲した道路を荻窪方面から三鷹方面に向かい時速約50キロメートルで進行していた。こういった場合，自動車運転者としては前方を注視し，ハンドル操作を正しく行って進路を適正に保って進行すべき自動車運転上の注意義務がある。しかしながら，被告人は足元に落とした地図を拾うのに気を奪われたためこの注意義務に違反して，前方注視を欠き，ハンドルから一瞬手を離したまま，時速約50キロメートルで進行するという過失を犯した。このため，車は対向車線に進入して，対面進行してきたA運転の大型貨物自動車の右側面に衝突した上，その衝撃で更に前方に進出して，A運転車両の後方から進

Tanaka-cho, Chiyoda-ku, Tokyo.

(12) Exemple 12 : Violation de la Loi anti-prostitution

Le 8 octobre _____, entre 23h20 et 23h45, dans la rue se trouvant entre les alentours du café X, situé au 2-5-10 Shinyokohama-cho, Kohoku-ku, Yokohama-shi, et l'agence de Shinyokohama de la banque Y, située au 2-2-4 Shinyokohama-cho, Kohoku-ku, Yokohama-shi, l'accusé, dans l'intention de pratiquer la prostitution, a déambulé en s'arrêtant de temps en temps, et a attendu les clients d'une manière bien visible du public.

(13) Exemple 13 : Négligence dans la conduite d'un véhicule ayant entraîné des blessures

Le 12 septembre _____, vers 9h30 du matin, l'accusé conduisait une voiture particulière ordinaire à une vitesse approximative de 50 km/h, sur la route obliquant vers la gauche à proximité du 31 Kichijoji Higashi-cho, Musashino-shi, Tokyo, venant d'Ogikubo en direction de Mitaka. En tant que conducteur d'un véhicule, il avait dans cette situation une obligation de prudence, lui demandant de bien regarder devant lui et de contrôler convenablement le volant pour maintenir correctement sa trajectoire. Malgré cela, parce qu'il s'était laissé absorber par sa tentative de récupérer une carte tombée à ses pieds, l'accusé a violé son obligation de prudence, en commettant la négligence de rouler à une vitesse d'environ 50 km/h sans bien regarder

行してきたB（当時55歳）運転の普通貨物自動車の右前部に衝突した。その結果，Bに加療約200日間を要する右股関節脱臼骨折の傷害を負わせたものである。」

⒁　銃砲刀剣類所持等取締法違反罪の例

「被告人は，法定の除外事由がないのに，令和○○年6月7日午後7時ころ，横浜市田中町1丁目2番3号付近路上に停車していた自己所有の普通乗用自動車内において，回転弾倉式けん銃1丁をこれに適合する実砲19発と共に保管して所持したものである。」

⒂　出入国管理及び難民認定法違反罪の例

「被告人は，○○国国籍を有する外国人であり，令和○○年3月10日，同国政府発行の旅券を所持して，千葉県成田市所在の成田国際空港に上陸し，我が国に入国したが，在留期間が令和○○年4月10日までであったのに，その

devant lui, alors qu'il avait lâché le volant un instant. Pour cette raison, le véhicule de l'accusé a pénétré sur la voie opposée, entrant en collision avec le côté droit d'un camion poids lourd de transport de marchandises, conduit par A, qui venait en sens inverse. En raison du choc, le véhicule de l'accusé a poursuivi sa course pour entrer en collision avec le côté avant droit d'un camion de transport de marchandises conduit par B (âgé de 55 ans au moment des faits), qui suivait le véhicule conduit par A. En résultat l'accusé a causé à B une blessure consistant en un déboîtement avec fracture de la hanche droite, qui a nécessité environ 200 jours de traitement médical.

(14) Exemple 14 : Violation de la Loi sur le contrôle de la détention d'armes à feu et d'armes blanches

Le 7 juin _____, vers 19 h, l'accusé, en l'absence de raison justifiant une exception légale, a détenu un revolver ainsi que 19 munitions pour celui-ci, conservés dans sa voiture particulière ordinaire qui était stationnée dans la rue à proximité du 1-2-3 Tanaka-cho, Yokohama-shi.

(15) Exemple 15 : Violation de la Loi sur le contrôle de l'immigration et la reconnaissance des réfugiés

L'accusé, qui est une personne étrangère de nationalité _____, est entré au Japon le 10 mars _____, débarquant à l'Aéroport international de Narita, situé à Narita-shi, Chiba, en possession d'un passeport délivré par le gouvernement de

日までに在留期間の更新又は変更を受けないで我が国から出国せず，令和〇〇年５月11日まで，神奈川県大和市大和町２丁目149番地に居住し，もって，在留期間を経過して不法に本邦に残留したものである。」

(16) 教唆の例（窃盗）

「被告人は，令和〇〇年３月４日午後２時ころ，東京都千代田区北山町３番６号Ａ方前路上において，Ｘに対し，「明日はこの家は留守になる。裏の戸はいつも開いているから，何か金目のものを取ってこい。」と申し向けて前記Ａ方から金品を窃取するようにそそのかし，Ｘをしてその旨決意させ，よって，同月５日午後３時ころ，前記Ａ方において，同人所有の腕時計１個（時価20万円相当）を窃取するに至らせ，もって，窃盗の教唆をしたものである。」

(17) 幇助の例（窃盗）

「被告人は，Ｘが，令和〇〇年３月４日午後３時ころ，東京都千代田区北山町３番６号Ａ方において腕時計１個（時価20万円相当）を窃取するに際し，Ａ方前路上でＸのため，見張りをし，もって，同人の犯行を容易ならしめてこれを幇助したものである。」

_____. Alors que sa durée de séjour autorisée au Japon expirait le 10 avril _____, il a manqué de faire renouveler ou modifier cette durée de séjour, ou de quitter le Japon à cette date, et a continué de résider au 2-149 Yamato-cho, Yamato-shi, Kanagawa, jusqu'au 11 mai _____, restant ainsi illégalement au Japon au-delà de sa durée de séjour autorisée.

(16) Exemple 16 : Incitation (au vol)

L'accusé a incité X à voler de l'argent et d'autres valeurs au domicile de A, en déclarant à X, le 4 mars _____ vers 14h, devant le domicile de A situé au 3-6 Kitayama-cho, Chiyoda-ku, Tokyo : « Les occupants de cette maison seront absents demain. La porte de derrière est toujours ouverte. Vas-y et prends de l'argent ou autre chose de valeur ». Déterminant ainsi la décision de X, l'accusé lui a fait voler au domicile de A une montre de poignet (d'une valeur de 200 000 yens) appartenant à A, le 5 mars_____ vers 15h. L'accusé a ainsi incité X à commettre un vol.

(17) Exemple 17 : Complicité (de vol)

Le 4 mars _____, vers 15 h, pendant que X volait une montre de poignet (d'une valeur de 200 000 yens) au domicile de A, situé au 3-6 Kitayama-cho, Chiyoda-ku, Tokyo, l'accusé a fait le guet pour X dans la rue devant le domicile de A, se rendant ainsi complice du vol commis par X en facilitant celui-ci.

2　証拠の標目

判示第１の事実について

・　被告人の当公判廷における供述

・　被告人の検察官に対する令和○○年２月15日付け供述調書

・　証人Ａの当公判廷における供述

・　Ｂの検察官に対する供述調書

・　Ｃの司法警察員に対する供述調書（謄本）

・　Ｄ作成の被害届

・　司法警察員作成の実況見分調書

・　司法巡査作成の令和○○年１月22日付け捜査報告書

・　鑑定人Ｅ作成の鑑定書

・　押収してある覚醒剤１袋（令和○○年押第○○号の１）

・　○○地方検察庁で保管中のけん銃１丁（令和○○年○地領第○○号の１）

・　分離前の相被告人Ｙの当公判廷における供述

・　第３回公判調書中の証人Ａの供述部分

・　証人Ｃに対する当裁判所の尋問調書

・　証人Ｄに対する受命裁判官の尋問調書

2 Liste des preuves

Concernant la première partie des faits constatés

- Déclaration de l'accusé [du prévenu] au procès
- Procès-verbal d'audition de l'accusé par le procureur en date du 15 février _____.
- Déclaration du témoin A au procès
- Procès-verbal d'audition du témoin B par le procureur
- Procès-verbal d'audition de C par l'officier de police judiciaire (copie conforme)
- Déclaration de victime établie par D
- Constat établi sur place par l'officier de police judiciaire
- Rapport d'enquête daté du 22 janvier _____ établi par l'agent de police judiciaire
- Rapport d'expertise établi par l'expert E
- Un sachet de drogue stimulante saisi (article No. XX-1, saisi le _____)
- Une arme de poing, sous la garde du parquet de district de _____ (article No. XX-1 du _____ ; sous la garde du parquet de district de _____)
- Déclaration du co-accusé Y faite au procès avant la séparation des procédures
- Partie correspondant à la déclaration du témoin A dans le procès-verbal de la troisième audience
- Procès-verbal d'audition du témoin C par ce tribunal.
- Procès-verbal d'audition du témoin D par le juge

・　当裁判所の検証調書

・　医師F作成の診断書

3　累犯前科

「被告人は，令和〇〇年３月２６日〇〇簡易裁判所で窃盗罪により懲役８月に処せられ，令和〇〇年１１月２６日その刑の執行を受け終わったものであって，この事実は検察事務官作成の前科調書によってこれを認める。」

4　確定判決

「被告人は，令和〇〇年３月１０日〇〇地方裁判所で傷害罪により懲役１年に処せられ，その裁判は同月２５日確定したものであって，この事実は検察事務官作成の前科調書によってこれを認める。」

5　法令の適用

「被告人の判示所為は刑法１９９条に該当するところ，所定刑中有期懲役刑を選択し，その刑期の範囲内で被告人を懲役８年に処し，同法２１条を適用して未決勾留日数中１２０日をその刑に算入し，押収してある刺身包丁１本（令和〇〇年押第〇〇号の 1）は判示犯行の用に供した物で被告人以外の者に属しないから，同法１９条１項２号，２項本文を適用してこれを没収し，訴訟費用は，刑事訴訟法１８１条１項

[magistrat] chargé de l'affaire

- Rapport d'une inspection ordonnée par le tribunal
- Certificat médical établi par le médecin F

3 Condamnations antérieures

D'après le relevé des condamnations antérieures établi par l'assistant du procureur, le tribunal constate que le 26 mars _____, l'accusé a été condamné par le tribunal sommaire de _____ à huit mois d'emprisonnement avec travail pour vol, et que l'accusé a achevé l'exécution de cette peine le 26 novembre _____.

4 Jugement définitif

D'après le relevé des condamnations antérieures établi par l'assistant du procureur, le tribunal constate que le 10 mars _____, l'accusé a été condamné par le tribunal de district de _____ à un an d'emprisonnement avec travail pour coups et blessures, et que ce jugement est devenu définitif le 25 du même mois.

5 Application des lois

L'acte commis par l'accusé relève de l'article 199 du Code pénal. Parmi les peines prévues par cet article, le tribunal choisit une peine d'emprisonnement avec travail de durée déterminée, et condamne l'accusé à une peine de 8 ans d'emprisonnement avec travail, dans les limites de durée prévues par cet article. En application de l'article 21 de ce même Code, 120 jours parmi ceux passés en détention provisoire

ただし書を適用して被告人に負担させないこととする。」

6　量刑の理由

出入国管理及び難民認定法違反の例

・　本件は，Ｙ国国民である被告人が，定められた在留期間を越えて不法に我が国に残留したという事案である。

・　被告人が我が国に不法に残留した期間が２年余りの長期であることなどに照らすと，被告人の刑事責任は重い。

・　他方で，被告人は，本件犯行について反省の態度を示し，今後は，本国に帰って，まじめな生活を送りながら，立ち直っていくことを誓っていること，被告人と生活を共にしていた婚約者が，被告人の本国で被告人と結婚して共に生活する気持ちでおり，被告人に対する寛大な処罰を訴えていることなど，被告人にとって酌むべき事情もある。

seront déduits de la durée de cette peine. Le couteau à poisson saisi (article No. XX-1, saisi le _____), qui a servi à commettre le crime et n'a pas d'autre propriétaire que l'accusé, sera confisqué en application de l'alinéa 1, numéro 2 et de la disposition principale de l'alinéa 2 de l'article 19 du même Code. En application de la clause conditionnelle de l'article 181, alinéa 1, du Code de procédure pénale, l'accusé n'aura pas la charge des frais de justice.

6 Détermination de la peine

Exemple d'une violation de la Loi sur le contrôle de l'immigration et la reconnaissance des réfugiés

- Dans cette affaire, l'accusé, qui est un national de Y [qui est de nationalité Y], est resté illégalement au Japon au-delà de la durée de séjour autorisée qui avait été dûment fixée.
- La responsabilité pénale de l'accusé est lourde, car il a prolongé illégalement son séjour au Japon pendant une durée assez longue qui dépassait deux ans.
- D'un autre côté, l'accusé a montré qu'il regrette le crime qu'il a commis, et il a promis de rentrer désormais dans son pays pour y vivre une vie honnête et reprendre le droit chemin. Sa fiancée, qui partageait sa vie, souhaite se marier et vivre avec lui dans son pays et a demandé l'indulgence du tribunal. Il doit aussi être tenu compte de ces faits.

・　そこで，これらの事情を総合して主文のとおり刑を量定した。

第6章　控訴審における判決理由

1　理由の冒頭部分

本件控訴の趣意は，弁護人甲作成名義〈検察官乙提出〉の控訴趣意書記載のとおりであり，これに対する答弁は，検察官乙作成名義〈弁護人甲作成名義〉の答弁書記載のとおりであるから，これらを引用する。

控訴趣意中量刑不当〈事実誤認，訴訟手続の法令違反，理由不備〉の主張（論旨）について

2　理由の本論部分

(1)　控訴棄却

所論は，要するに，被告人には，本件輸入に係る物品が覚醒剤であるとの認識がなかったのであるから，被告人にその認識があったとして覚醒剤輸入の罪の成立を認めた原判決には，判決に影響を及ぼすことが明らかな事実の誤認があるというのである。しかし，原判決挙示の各証拠によると，被告人は，本件に至るまで，貨物船○○の船員として約20回日本国と○○国との間を往復している者である

- En considération de tous ces éléments pris dans leur ensemble, le tribunal a déterminé la peine telle que prononcée dans le dispositif du jugement.

Chapitre 6 Motifs de jugement en instance d'appel (*Koso*)

1 Introduction

L'objet de cet appel est tel qu'indiqué dans le mémoire d'appel établi au nom de l'avocat de la défense A < le mémoire d'appel soumis par le procureur B >, et les arguments en réponse sont tels qu'indiqués par la réponse écrite établie au nom du procureur B < au nom de l'avocat de la défense A >. Le tribunal citera donc ces documents.

Concernant l'argument < Au sujet > de l'inadéquation de la peine [du caractère injustifié de la peine] < des erreurs factuelles, de la violation des lois et règlements de la procédure, de l'insuffisance des motifs >, parmi les raisons de l'appel indiquées dans le mémoire d'appel

2 Texte principal

(1) Rejet de l'appel

L'argument de l'appel, en résumé, est que le jugement de première instance comportait une erreur factuelle qui a clairement influencé celui-ci, puisqu'il a reconnu qu'un crime [délit] d'importation de drogue stimulante était constitué, du fait que l'accusé connaissait évidemment la nature de drogue stimulante de l'article importé, alors qu'en réalité, l'accusé n'avait pas telle connaissance. Cependant, d'après les preuves

上，○○国において船員としての教育を受けるに当たり，覚醒剤等の密輸が禁止されていることや関税関係法規等についての知識を得ていることが認められるから，覚醒剤が概ねどのような物品であるかを承知していたと推認されるところである。そして，このことを前提として，甲から本件物品の運搬を依頼された際の物品の運搬ないし引渡しの方法についての指示内容が極めて密行性を帯びたものであったこと，被告人は本件物品がビニール製５袋に分けられた白色の結晶状を呈した物質であることを確認していること，搬入の手段，方法が覚醒剤等を持ち込む際によく行われる典型的な隠匿運搬方法を採っていること，その他本件発覚前後の証拠隠滅工作，被告人の捜査官に対する供述の内容等記録によって認められる諸事情をも考え合わせると，本件物品が覚醒剤であるとは知らなかったという被告人の弁解は到底信用できるものではなく，本件輸入の際，被告人は本件物品が覚醒剤であるとの認識を有していたと認めるのが相当である。

citées dans ledit jugement, le tribunal a dûment constaté que jusqu'à la présente affaire, l'accusé avait déjà effectué environ 20 allers et retours entre le Japon et _____ (nom du pays) en tant que marin du navire marchand _____ (nom du navire), et aussi qu'il avait reçu une formation de marin en _____ (nom du pays), et acquis naturellement des connaissances sur l'interdiction de la contrebande de drogues stimulantes et sur la législation, notamment douanière. Par conséquent, on peut supposer qu'il savait à peu près en quoi consistaient des drogues stimulantes. Ensuite, et compte tenu de ces conditions préalables, les explications de l'accusé, selon lesquelles il ignorait que ces produits étaient des drogues stimulantes, manquent totalement de crédibilité si l'on considère les faits suivants. Premièrement, les instructions qui avaient été données à l'accusé pour le transport et la livraison du produit, lorsque A lui avait demandé ce transport, avaient un caractère de dissimulation extrêmement affirmé. Deuxièmement, l'accusé savait que le produit en question était une substance se présentant sous forme de cristaux blancs répartis en cinq sacs de vinyle. Troisièmement, le moyen et la méthode de transport étaient un procédé de transport clandestin typiquement utilisé pour l'importation de drogues stimulantes. Quatrièmement, enfin, il faut considérer aussi d'autres pièces du dossier, telles que les tentatives de destruction de preuves par

したがって，原判決がその挙示する各証拠を総合して原判示事実を認定したことは相当であり，原判決に事実誤認はないから，論旨は理由がない。

(2) 破棄自判

所論は，要するに，被告人を禁錮１年６月に処した原判決の量刑は重すぎて不当であるというのである。

記録によれば，本件事故は，被告人が前車の発進に気を許し左方の安全を確認することなく発進進行した過失により，折から横断歩道上を自転車に乗って進行していた被害者に自車を衝突転倒させ死亡させたというものであって，過失及び結果の重大性にかんがみると，所論指摘の被告人に有利な事情を十分考慮しても，原判決の量刑は，その宣告時においては相当であったと認めることができる。

l'accusé avant et après la découverte de l'affaire, et le contenu des déclarations qu'il a faites aux enquêteurs. Il est donc pertinent de constater que l'accusé avait connaissance de la nature de drogue stimulante du produit en question lors de son importation.

Le jugement de première instance a donc constaté les faits avec pertinence d'après les preuves citées, et en l'absence d'erreur factuelle dans ledit jugement, l'appel est dénué de fondement.

(2) Annulation du jugement de première instance et arrêt rendu en deuxième instance

L'argument de l'appel, en résumé, est que la peine déterminée par le jugement de première instance, qui condamne l'accusé à un an et six mois d'emprisonnement sans travail, est inadéquate et trop lourde.

D'après le dossier, l'accusé a commis lors de cet accident la négligence de démarrer puis de rouler sans s'assurer de la sécurité du côté gauche, en se fiant au démarrage du véhicule qui le précédait, et a ainsi provoqué la collision de son véhicule avec la victime, qui circulait à vélo sur le passage protégé à ce moment-là, entraînant ainsi sa chute et sa mort. En considération de cette négligence et de la gravité de ses conséquences, la peine déterminée par ledit jugement peut être reconnue comme convenable, même en considération des circonstances qui ont été présentées en faveur de l'accusé.

しかし，当審事実取調べの結果によれば，原判決後，被害者の遺族との間に，さらに任意保険等から・・・・・合計2000万円を支払うことで示談が成立していること，示談の成立に伴い被害感情は一層和らぎ，被害者の遺族から寛大な処分を望む旨の上申がなされるに至っていることなどの事情が認められ，これによれば，原判決の量刑は，現時点においては刑の執行を猶予しなかった点において重きに失し，これを破棄しなければ明らかに正義に反するといわなければならない。

3　法令の適用部分

(1)　控訴棄却

よって，刑訴法396条により本件控訴を棄却し，刑法21条により当審における未決勾留日数中50日を原判決の刑に算入し，当審における訴訟費用は刑訴法181条1項本文を適用して被告人に負担させることとし，主文のとおり判決する。

(2)　破棄自判

Cependant, en résultat de l'examen des faits par ce tribunal, il apparaît qu'un arrangement a été passé après ledit jugement entre la famille de la victime, l'autre partie et l'assurance, etc.... pour le paiement d'une somme de 20 millions de yens, et que les sentiments de la famille de la victime concernant l'accident ayant ainsi été apaisés dans une certaine mesure, la famille de la victime a indiqué par écrit au tribunal qu'elle souhaitait que ce dernier fasse preuve d'indulgence à l'égard de l'accusé. Compte tenu de ces circonstances, on peut considérer à l'heure actuelle que la peine déterminée par ledit jugement était trop sévère, car aucun sursis à son exécution n'était accordé, et il serait donc clairement injuste de ne pas annuler ce jugement.

3 Application des lois

(1) Rejet de l'appel

Par conséquent, le tribunal rejette l'appel en vertu de l'article 396 du Code de procédure pénale. En vertu de l'article 21 du Code pénal, 50 jours parmi ceux passés en détention provisoire avant le présent jugement seront déduits de la peine prononcée par le jugement de première instance. En application de la disposition principale de l'article 181, alinéa 1 du Code de procédure pénale, les frais de justice de la présente instance seront à la charge de l'accusé. Le tribunal rend ainsi son jugement tel qu'énoncé dans son dispositif.

(2) Annulation du jugement de première instance et arrêt rendu

よって，刑訴法397条2項により原判決を破棄し，同法400条ただし書により更に次のとおり判決する。

原判決が認定した罪となるべき事実に原判決と同一の法令を適用（科刑上一罪の処理，刑種の選択を含む。）し，その刑期の範囲内で被告人を懲役2年10月に処し，刑法21条により原審における未決勾留日数中50日をその刑に算入し，原審及び当審における訴訟費用は刑訴法181条1項ただし書を適用して被告人に負担させないこととし，主文のとおり判決する。

(3) 破棄差戻し

よって，刑訴法397条1項，377条3号により原判決を破棄し，同法400条本文により本件を原裁判所である○○簡易裁判所に差し戻すこととし，主文のとおり判決

en deuxième instance

Par conséquent, en vertu de l'article 397, alinéa 2 du Code de procédure pénale, le tribunal annule le jugement de première instance, et en vertu de la clause conditionnelle de l'article 400 du même Code, rend sa décision comme suit.

Le tribunal applique les mêmes lois que le jugement de première instance aux mêmes faits qui constituaient le crime dans ledit jugement (y compris l'application de la règle de traitement de plusieurs crimes comme un seul aux fins de détermination de la peine, et le choix de la peine), et condamne l'accusé à deux ans et dix mois d'emprisonnement avec travail, dans les limites prévues par la loi. En vertu de l'article 21 du Code pénal, 50 jours parmi ceux passés en détention provisoire avant ledit jugement seront déduits de la durée de cette peine. En application de la clause conditionnelle de l'article 181, alinéa 1 du Code de procédure pénale, les frais de justice correspondant au dit jugement et à l'arrêt de la présente instance ne seront pas à la charge de l'accusé. Le tribunal rend ainsi sa décision telle qu'énoncée dans son dispositif.

(3) Annulation et renvoi devant le tribunal du jugement de première instance

Par conséquent, en vertu de l'article 397, alinéa 1 et de l'article 377, numéro 3 du Code de procédure pénale, le jugement de première instance est annulé, et en vertu de la

する。

disposition principale de l'article 400 du même Code, l'affaire est renvoyée devant le tribunal sommaire de _____, qui est le tribunal de première instance. Le présent tribunal rend ainsi sa décision telle qu'énoncée dans son dispositif.

第４編

法律用語等の対訳

第４編　法律用語等の対訳

第１章　法律用語の対訳

【あ　行】

・相被告人［共同被告人］	・coaccusé ; coprévenu
・あおる	・inciter
・アリバイ	・alibi
・アルコール中毒	・alcoolisme
・言い渡す	・prononcer [rendre] (un jugement)
・異議	・objection ; opposition ; contestation
・異議の申立て	・formulation d'une objection ; formuler [faire] [élever] une objection ; contester
・意見陳述	・déclaration d'opinion ; exposé d'avis
・移送（被告事件の）	・transfert (du dossier d'accusation [d'une affaire]) (à un autre tribunal)
・移送（被告人の）	・transfert (du prévenu [de l'accusé])
・一事不再理	・règle du *non bis in idem* ; nul ne peut être poursuivi ou puni deux fois à raison des mêmes faits
・遺伝	・hérédité
・居直り強盗	・vol accompagné de violences ou de menaces après que l'auteur a été découvert
・違法収集証拠	・preuve obtenue illégalement ; témoignage obtenu illégalement
・違法性	・illégalité ; infraction à [violation de] la loi
・違法性阻却事由	・facteur déniant l'illégalité ; cause

justifiable ; raison justifiable ; faits justificatifs

- 医療刑務所 ・établissement médical de prison ; établissement médical pour détenus
- 医療の終了 ・fin du traitement médical
- 因果関係 ・relation de cause à effet ; causalité
- 因果関係の中断 ・interruption de la causalité ; suspension du rapport de cause à effet
- インターネット異性紹介事業 ・service de rencontre(s) en ligne
- 引致 ・amener [conduire] un suspect [prévenu, témoin] à l'endroit désigné
- 隠匿する ・receler, dissimuler
- 員面調書 ・déclaration écrite recueillie par un officier de police judiciaire ; procès-verbal établi par un officier de police judiciaire
- うそ発見器 ・détecteur de mensonges ; polygraphe
- 疑うに足りる相当な理由 ・motif raisonnable de soupçonner ; motif probable de suspecter
- 写し ・copie
- うつ病 ・dépression
- 営業秘密 ・secret commercial
- 営利の目的 ・motif financier ; intention de générer [produire] un profit ; motif lucratif
- 閲覧する ・consulter ; lire ; inspecter ; examiner
- えん罪 ・fausse accusation ; jugement [arrêt] erroné
- 援用 ・allégation ; invocation ; référence

- 押印 — sceau
- 押収 — saisie
- 押収物 — article saisi
- 汚職 — malversation ; corruption
- おとり捜査 — enquête par infiltration ; provocation policière
- 恩赦 — grâce ; amnistie

【か　行】

- 戒護 — placement en lieu sûr ; mise sous protection
- 改ざんする — altérer ; falsifier
- 開示 — annoncer ; divulguer
- 改悛の情 — repentir
- 外傷性 — traumatique
- 海上保安庁 — Garde-côtes du Japon
- 海上保安留置施設 — installation de détention des Garde-côtes du Japon
- 開廷 — audience ouverte ; ouverture d'une audience
- 回答書 — réponse (écrite)
- 外務省 — Ministère des Affaires étrangères
- 科学警察研究所（科警研） — Institut national de recherches de police scientifique (National Research Institute of Police Science)
- 覚醒剤 — drogue stimulante ; stimulant ; stupéfiant
- 覚醒剤中毒者 — toxicomane dépendant de drogues

	stimulantes
・確定	・détermination ; fixation ; devenir définitif ; être déterminé
・確定判決	・jugement [arrêt] définitif ; décision définitive
・科刑上一罪	・la règle de traitement de plusieurs crimes [délits] comme un seul aux fins de détermination de la peine ; assimilation de crimes [délits] , crime [délit] assimilé
・過失	・négligence ; imprudence ; faute ; inobservation de règlement
・過失犯	・négligence criminelle ; délit par négligence ; délit non-intentionnel
・過剰避難	・acte excessif accompli par nécessité ; utilisation d'une force excessive pour éviter un danger imminent ; acte disproportionné accompli pour éviter un danger
・過剰防衛	・excès de légitime défense ; légitime défense excessive [injustifiable]
・加重	・aggravation
・家庭裁判所（家裁）	・tribunal des affaires familiales ; tribunal de la famille
・家庭裁判所調査官	・délégué à la liberté surveillée ; délégué à la liberté surveillée du tribunal des affaires familiales ; éducateur auprès du tribunal

de la famille

・可罰的違法性	・infraction punissable ; punissabilité d'un acte délictuel
・仮釈放	・libération conditionnelle ; mise en liberté conditionnelle
・仮納付	・paiement provisoire
・仮放免	・libération provisoire
・過料	・amende non pénale ; amende administrative
・科料	・amende mineure ; peine pécuniaire ; amende de police
・簡易公判手続	・procédure sommaire
・簡易裁判所（簡裁）	・tribunal sommaire
・姦淫	・rapport(s) sexuel(s)
・管轄	・juridiction ; compétence ; ressort
・管轄違い	・défaut de compétence ; incompétence
・間接事実	・fait indirect
・間接証拠	・preuve indirecte
・間接正犯	・auteur indirect (d'un crime [délit])
・監置	・détention ordonnée par le tribunal
・鑑定	・expertise
・鑑定証人	・expert témoin
・鑑定嘱託書	・demande d'expertise
・（鑑定その他）医療的観察	・expertises et autres observations médicales
・鑑定手続実施決定	・décision de procéder à une expertise
・鑑定入院命令	・ordre d'hospitalisation pour expertise
・鑑定人	・expert

・鑑定留置	・détention pour examen par un expert
・観念的競合	・crimes [délits] concurrents ; un seul acte constituant plusieurs crimes [délits]
・還付	・restitution
・管理売春	・prostitution organisée ; proxénétisme
・期間	・période ; durée ; délai ; terme
・棄却する	・rejeter
・偽計	・moyens frauduleux, pratique trompeuse
・期日	・date
・期日間整理手続	・procédure de conférence intermédiaire
・期日間整理手続調書	・procès-verbal de conférence intermédiaire
・既遂	・consommation [accomplissement] d'un crime
・偽造	・contrefaçon ; falsification ; faux
・起訴事実	・fait(s) faisant l'objet de l'accusation ; fait(s) reproché(s) ; accusation(s)
・起訴状	・acte d'accusation ; acte de poursuites
・起訴状の訂正	・rectification de l'acte d'accusation
・起訴する	・accuser (quelqu'un) ; engager des poursuites (contre quelqu'un) ; mettre en accusation ; inculper
・起訴猶予	・non-lieu ; inculpation suspendue
・既判力	・autorité de la chose jugée ; *res judicata*
・忌避	・récusation
・基本的人権	・droits humains fondamentaux ; droits fondamentaux de l'homme

・欺罔する（欺く）	・tromper ; abuser
・客体の錯誤	・erreur d'objet
・却下する	・rejeter ; débouter
・求刑	・demande de peine ; peine requise
・急迫の危険	・danger imminent
・急迫不正の侵害	・violation imminente et illicite [illégale] ; agression imminente et injustifiée
・恐喝する	・faire chanter ; faire du chantage ; extorquer
・凶器	・arme
・教唆する	・inciter ; provoquer
・供述	・déposition ; déclaration
・供述拒否権	・droit de refuser de déposer ; droit de garder le silence
・供述書	・déposition écrite ; déposition par écrit
・供述調書	・procès-verbal d'audition ; procès-verbal de déposition ; procès-verbal des déclarations
・供述の任意性	・caractère volontaire d'une déposition [déclaration]
・［強制］送還	・expulsion ; renvoi
・強制捜査	・enquête coercitive
・共同正犯	・coauteur (d'un crime [délit])
・共同被告人	・coprévenu ; coaccusé
・共同暴行	・violences en réunion ; violences commises à plusieurs
・脅迫する	・menacer ; faire chanter
・共犯	・complicité ; complice

・共謀	・complicité ; collusion
・共謀共同正犯	・coauteur complice ; coconspirateur
・業務上過失	・négligence professionnelle
・業務上の注意義務	・devoir de diligence professionnelle ; obligation professionnelle de prudence
・挙証責任	・charge [fardeau] de la preuve
・記録命令付差押え	・saisie avec ordre de production d'un enregistrement
・記録命令付差押許可状	・mandat de saisie avec ordre de production d'un enregistrement
・記録命令付差押調書	・procès-verbal de saisie avec ordre de production d'un enregistrement
・緊急逮捕	・arrestation sans mandat en cas d'urgence
・緊急避難	・prévention d'un danger imminent ; nécessité
・禁錮	・emprisonnement (sans travail)
・禁制品	・articles [marchandises] prohibé(e)s ; articles de contrebande
・区	・arrondissement
・区検察庁（区検）	・bureau du procureur local
・区分審理	・séparation des procédures dans des affaires multiples de poursuites engagées contre une même personne, dans le cadre du système de *Saiban-in* [jurés populaires/juges non-professionnels]
・刑期	・durée de la peine
・警告	・avertissement

・警察署	・commissariat de police
・警察庁	・Agence nationale de la police
・警察庁次長	・sous-directeur général [directeur général adjoint] de l'Agence nationale de la police
・警察庁長官	・directeur général de l'agence nationale de la police
・警視	・commissaire de police
・警視監	・contrôleur général de la police
・刑事施設	・institution pénale ; établissement pénitentiaire
・刑事収容施設	・établissement de détention [d'incarcération] pénale
・刑事処分	・mesure pénale
・警視正	・commissaire principal
・刑事責任	・responsabilité pénale
・警視総監	・préfet de police
・刑事第１部	・première division criminelle
・警視庁	・préfecture de police
・警視長	・commissaire divisionnaire
・刑事未成年者	・mineur selon la loi pénale
・刑の一部の執行猶予	・sursis partiel à l'exécution de la peine ; suspension partielle de l'exécution de la peine ; peine assortie d'un sursis partiel
・刑の全部の執行猶予	・sursis (total) à l'exécution de la peine ; suspension de l'exécution de la peine ; peine assortie d'un sursis total

・刑の量定に影響を及ぼす情状	・circonstances influençant la détermination de la peine
・刑罰	・peine ; pénalité
・頚部	・nuque
・警部	・inspecteur de police
・警部補	・inspecteur de police adjoint
・刑務官	・surveillant pénitentiaire
・刑務所	・prison
・刑務所長	・directeur de prison
・結果回避義務	・obligation d'éviter les risques
・欠格事由	・motif de récusation [de non-qualification]
・結果的加重犯	・crime [délit] aggravé par un résultat imprévu
・結審する	・clôturer les débats de la procédure
・決定	・décision ; ordre ; jugement
・県	・préfecture
・原因において自由な行為	・action libre dans son origine, par ex. intoxication volontaire de soi-même dans le dessein de commettre un crime [délit] ; *actio libera in causa*
・厳格な証明	・procédure stricte pour l'établissement des preuves
・県警察本部	・siège de la police préfectorale
・現行犯	・flagrant délit ; personne arrêtée en flagrant délit
・現行犯人逮捕手続書	・procès-verbal d'arrestation de l'auteur

d'une infraction en flagrant délit

・原裁判所	・tribunal de la première instance ; tribunal du premier jugement
・検察官	・procureur
・検察官請求証拠	・preuves dont l'examen est demandé par le procureur
・検察事務官	・assistant du procureur
・検察審査員	・membre du comité d'enquête sur les poursuites
・検察審査会	・comité d'enquête sur les poursuites
・検視	・autopsie ; examen d'un cadavre
・検事	・procureur
・検事正	・directeur du parquet de district
・検事総長	・procureur général
・検事長	・procureur général de district [région]
・現住建造物	・bâtiment habité
・検証	・vérification ; constatation ; enquête sur les lieux
・検証調書	・constat ; rapport d'inspection ; rapport d'enquête sur les lieux
・原審	・tribunal ayant statué en première instance ; tribunal de première instance ; tribunal d'origine ; tribunal inférieur ; tribunal du premier jugement
・原審弁護人	・avocat au tribunal inférieur
・限定責任能力	・responsabilité pénale [criminelle] limitée

・原判決	・premier jugement ; jugement de première instance [rendu en première instance]
・憲法違反	・violation de la constitution ; inconstitutionnalité
・原本	・(exemplaire) original ; minutes
・検面調書	・déclaration écrite recueillie par un procureur
・権利保釈	・obligation de mise en liberté sous caution [en liberté provisoire]
・牽連犯	・crimes [délits] apparentés (acte commis en tant que moyen de commettre un crime, ou qui résulte en un autre crime)
・故意	・intention, volonté, sciemment
・合意書面	・accord écrit sur les déclarations prévues
・勾引状	・ordre ; citation ; assignation
・勾引する	・ordonner ; citer ; assigner
・合議体	・formation de juges ; juges siégeant en banc
・公共職業安定所（職安）	・Bureau public de sécurité de l'emploi (Hello Work)
・抗拒不能	・incapacité de résister
・後見監督人	・surveillant du tuteur [de la tutrice] ; subrogé-tuteur
・後見人	・tuteur [tutrice]
・抗告	・appel ; recours ; appel *Kokoku*
・抗告裁判所	・tribunal statuant sur l'appel [le recours] ; cour de l'appel (*Kokoku*)

・抗告の趣旨	・objet de l'appel [du recours] ; objet de l'appel (*Kokoku*)
・抗告の取下げ	・retrait de l'appel [du recours] ; retrait de l'appel (*Kokoku*)
・公使	・ministre
・強取する	・voler (par voie de fait ou menace)
・公序良俗	・l'ordre public et les bonnes mœurs
・更新する	・renouveler ; reconduire
・更生	・réhabilitation ; rectification
・更正決定	・décision de rectification
・構成裁判官	・juge siégeant en formation dans le système des *Saiban-in* [jurés populaires/juges non-professionnels]
・構成要件	・éléments constitutifs (d'un crime [délit])
・厚生労働省	・Ministère du Travail, de la Santé et des Affaires sociales
・厚生労働大臣	・Ministre du Travail, de la Santé et des Affaires sociales
・控訴	・appel (devant le tribunal de deuxième instance) ; appel *Koso*
・公訴	・action publique
・公訴棄却	・rejet des poursuites ; rejet d'une action publique
・控訴棄却	・rejet de l'appel (*Koso*)
・公訴権濫用	・abus du pouvoir d'accusation ; abus du pouvoir d'engager des poursuites

・控訴裁判所	・tribunal d'appel (*Koso*) ; tribunal de l'appel (*Koso*)
・公訴時効	・prescription de l'action publique ; prescription des poursuites
・公訴事実	・faits constituant le délit [crime] (poursuivi) ; faits reprochés ; faits faisant l'objet des poursuites
・控訴趣意書	・mémoire d'appel (*Koso*) ; déclaration écrite des raisons de l'appel (*Koso*)
・控訴審	・instance d'appel (*Koso*) ; procès en appel (*Koso*)
・公訴提起	・engagement [déclenchement] d'une action publique
・控訴提起期間	・délai pour faire appel (*Koso*) ; délai d'appel (*Koso*)
・控訴申立書	・déclaration d'appel (*Koso*)
・控訴理由	・motif d'appel (*Koso*)
・拘置所	・prison ; centre de détention
・交通切符	・Contravention ; pénalité pour contravention aux règles de circulation
・交通事件原票	・registre des infractions aux règles de circulation
・交通反則金	・amende pour infraction aux règles de circulation
・口頭	・(présentation) orale ; verbale
・高等検察庁（高検）	・parquet général

・高等裁判所（高裁）	・Cour d'appel
・高等裁判所長官	・président de la Cour d'appel
・口頭弁論	・plaidoirie ; plaidoyer
・公判期日	・date d'audience
・公判準備	・préparation de l'audience
・公判調書	・feuille d'audience ; procès-verbal d'audience ; minutes du procès
・公判廷	・tribunal ; procès ; salle d'audience
・公判手続	・procédure du procès [de l'audience]
・公判前整理手続	・procédure de conférence préalable au procès
・公判前整理手続期日	・date de la procédure de conférence préalable au procès
・公判前整理手続調書	・procès-verbal de la procédure de conférence préalable au procès
・交付送達	・signification [remise] en mains propres
・公文書	・document officiel
・公務員	・fonctionnaire ; agent de service public
・拷問	・torture
・公用文書	・document public
・勾留	・détention
・拘留	・détention (sans travail pour délit mineur) ; détention contraventionnelle
・勾留執行停止	・suspension de l'exécution d'une détention
・勾留状	・mandat d'arrêt
・勾留理由開示	・indication des raisons de la détention

・コカイン	・cocaïne
・呼気アルコール濃度	・concentration en alcool dans l’haleine
・語気を荒げて	・sur un ton violent
・国外犯	・crime [délit] commis à l’étranger [hors du Japon] ; extraterritorialité d’un crime [délit] ; crime [délit] extraterritorial
・国際司法共助	・assistance judiciaire internationale
・国籍	・nationalité
・国選被害者参加弁護士	・avocat commis d’office pour la victime
・国選弁護人	・avocat désigné par le tribunal ; avocat commis d'office
・告訴	・plainte ; inculpation
・告訴状	・lettre de plainte
・告知する	・annoncer ; notifier ; donner lecture
・告発	・dénonciation ; accusation
・告発状	・lettre de dénonciation ; lettre d’accusation
・戸籍抄本	・extrait des actes de l’état civil ; extrait du registre d’état civil
・戸籍謄本	・copie certifiée (conforme) du registre d’état civil ; copie certifiée (conforme) des actes de l’état civil
・護送	・escorte ; convoyage ; transport en voiture cellulaire
・誤想防衛	・légitime défense putative [erronée]
・国家公安委員会	・Commission nationale de la sécurité publique

・誤判	・jugement erroné

【さ　行】

・罪刑法定主義	・principe de légalité des délits et des peines ; *nullum crimen, nulla pœna sine lege* : il n'y a pas de crime et pas de peine sans loi
・裁決	・décision ; jugement
・最高検察庁（最高検）	・parquet de la Cour suprême
・再抗告	・nouvel appel ; deuxième appel (*Kokoku*)
・最高裁判所（最高裁）	・Cour suprême
・最高裁判所長官	・président de la Cour suprême
・最高裁判所判事	・juge [conseiller] de la Cour suprême
・最終弁論	・plaidoirie finale
・罪証隠滅のおそれ	・risque de destruction ou de dissimulation de preuve
・罪状認否	・plaidoyer de l'accusé [du prévenu]
・再審	・instance en révision ; nouvelle instruction ; nouveau procès
・再審開始決定	・décision d'ouvrir un nouveau procès
・再審事由	・motif d'un nouveau procès
・罪数	・nombre de crimes [délits] ; nombre d'infractions
・罪体	・élément objectif ou matériel du crime [délit] ; *corpus delicti*
・在庁略式手続	・procédure sommaire mise en œuvre à l'intérieur du tribunal tandis que l'accusé

[le prévenu] est contraint par corps

- 在廷証人 ・témoin présent au tribunal ; témoin à l'audience
- 再入国許可 ・permis de ré-entrée (au Japon)
- 採尿手続 ・procédure de prélèvement d'urine
- 再犯 ・récidive ; répétition d'un crime [délit]
- 裁判 ・justice ; jugement
- 裁判員 ・*Saiban-in* ; juré populaire ; juge non-professionnel
- 裁判員候補者 ・candidat *Saiban-in* [juré populaire/juge non-professionnel]
- 裁判員等選任手続 ・procédure de désignation des *Saiban-in* [jurés populaires/juges non-professionnels]
- 再犯加重 ・aggravation de peine en cas de récidive
- 裁判官 ・juge ; magistrat ; magistrat de siège
- 裁判官の面前における供述 ・déclaration devant un juge
- 裁判権 ・juridiction
- 裁判所 ・tribunal ; palais de justice ; cour
- 裁判所事務官 ・auxiliaire de justice
- 裁判所書記官 ・greffier du tribunal
- 裁判所速記官 ・sténographe du tribunal
- 再反対尋問 ・nouvel interrogatoire contradictoire
- 裁判長 ・président du tribunal
- 裁判を受ける権利 ・droit à un procès équitable
- 財物 ・biens

・罪名	・intitulé [nom] du crime [délit] ; qualification du crime [délit]
・在留期間の更新許可	・autorisation d'extension de la durée de séjour autorisée
・在留資格	・statut de séjour
・在留資格証明書	・certificat de statut de séjour
・裁量保釈	・mise en liberté sous caution par pouvoir discrétionnaire
・錯誤	・erreur
・酒酔い・酒気帯び鑑識カード	・fiche de relevé d'éthylomètre [d'alcootest ; d'éthylotest]
・差押え	・saisie
・差押調書	・procès-verbal de saisie
・差し戻す	・renvoyer
・査証（ビザ）	・visa
・査証相互免除	・exemption mutuelle de visa
・参考人	・témoin
・資格外活動許可	・autorisation d'exercer des activités autres que celles autorisées par le statut de séjour
・自救行為	・se faire justice à soi-même ; justice personnelle
・死刑	・peine de mort ; peine capitale
・事件受理	・réception d'un dossier
・時効	・prescription
・事後審	・procédure d'examen en appel d'un premier jugement

・自己に不利益な供述	・déclaration contraire à son propre intérêt ; déclaration à son désavantage
・自己負罪拒否特権	・droit de ne pas contribuer à sa propre incrimination ; droit de ne pas témoigner contre soi-même
・自己矛盾の供述	・déclaration en contradiction avec soi-même
・事実誤認	・erreur factuelle ; erreur dans les faits ; erreur de fait
・事実審	・procédure d'établissement [de découverte] des faits
・事実の錯誤	・erreur concernant les faits ; erreur de fait
・事実の取調べをする	・examiner les faits
・自首	・fait de se livrer volontairement (à la police)
・事前準備	・préparatifs
・私選弁護人	・personne de conseil désignée par soi-même ; défenseur retenu [choisi]
・刺創	・perforation ; plaie ; coup de couteau
・死体検案書	・rapport d'autopsie
・辞退事由	・motif de refus d'une désignation comme *Saiban-in* [juré populaire/juge non-professionnel]
・示談書	・arrangement à l'amiable écrit ; document de compromis [conciliation]
・示談する	・s'arranger à l'amiable, passer un compromis
・次長検事	・procureur général adjoint

・市町村	・municipalités ; ville/bourg/village
・市町村長	・maire (d'une municipalité)
・失火	・incendie involontaire ; incendie causé par négligence
・実況見分調書	・constat établi sur place ; rapport d'inspection sans mandat
・実刑	・prison ferme
・失血死	・décès par perte de sang ; décès par hémorragie
・執行	・exécution
・実行行為	・commission [perpétration] d'un crime [délit]
・執行停止	・suspension d'exécution ; sursis à l'exécution
・実行の着手	・commencement d'exécution
・質問票	・questionnaire
・指定医療機関	・organisme médical désigné
・指定侵入工具	・outils d'effraction désignés
・指定通院医療機関	・organisme médical ambulatoire désigné
・指定入院医療機関	・organisme médical d'hospitalisation désigné
・刺突	・coup de couteau
・児童買春	・prostitution enfantine
・自白	・confession ; aveu
・自費出国	・départ du pays à ses propres frais
・事物管轄	・compétence en raison de la matière ;

juridiction en la matière ; compétence réelle

- 司法警察員 ・officier de police judiciaire
- 司法警察職員 ・fonctionnaire de police judiciaire ; personnel de police judiciaire
- 司法巡査 ・agent de police judiciaire
- 死亡診断書 ・certificat (médical) de décès
- 始末書 ・lettre d'excuses ; excuses écrites
- 氏名照会回答書 ・réponse à une demande d'identification
- 指紋照会回答書 ・réponse à une demande d'identification d'empreintes digitales
- 社会通念 ・normes sociales communes ; idées communément acceptées
- 社会的相当行為 ・acte justifiable du point de vue de la société
- 社会に復帰することを促進する ・favoriser la réintégration sociale
- 社会復帰調整官 ・coordinateur de la réintégration sociale
- 釈放 ・libération ; mise en liberté ; relaxe ; être libéré
- 釈明 ・justification ; éclaircissement
- 酌量減軽 ・allègement (discrétionnaire) de la peine ; allègement de la peine au vu des circonstances atténuantes
- 写真撮影報告書 ・rapport de prises de vue photographiques
- 遮へい ・protection
- 重過失 ・faute [négligence] grave ; imprudence
- 収容 ・Détention ; incarcération ; mise en prison

・住居	・logement ; domicile ; habitation
・就職禁止事由	・motif de non-qualification comme *Saiban-in* [juré populaire/juge non-professionnel]
・囚人	・prisonnier ; détenu
・自由心証主義	・principe de la liberté d'appréciation des preuves (par le juge)
・周旋する	・servir d'intermédiaire ; s'entremettre ; intervenir
・重大な事実の誤認	・grave erreur dans la constatation [l'établissement] des faits
・（重大な）他害行為	・acte causant un préjudice [dommage] grave à autrui
・自由な証明	・preuve libre
・従犯	・complicité ; complice
・主観的違法要素	・facteurs subjectifs concernant un acte illégal ; élément moral sur l'illégalité de l'acte commis
・酒気帯び	・ivresse ; être sous l'emprise de l'alcool ; état d'ébriété
・主刑	・peine principale
・受刑者	・condamné
・主尋問	・interrogatoire principal
・受訴裁判所	・tribunal chargé du dossier [de l'affaire]
・受託裁判官	・juge requis
・出国命令	・ordre de quitter le pays

・出頭	・comparution ; présentation
・出頭命令	・convocation à comparaître
・出入国記録	・enregistrements de l'immigration
・主任弁護人	・avocat principal ; défenseur principal
・主犯	・coupable principal
・主文（判決主文）	・dispositif ; jugement ; texte principal (d'un jugement)
・受命裁判官	・juge chargé d'une affaire ; juge désigné
・主要事実	・fait essentiel ; fait important
・準起訴手続	・procédure de quasi-accusation
・準抗告	・quasi-appel [quasi-recours] ; appel quasi-*Kokoku* (par ex., appel d'une décision prise par un juge unique d'un tribunal d'instance à un comité de magistrats appartenant au même tribunal et jugeant l'appel)
・巡査	・agent de police
・巡査長	・sous-brigadier de police
・巡査部長	・brigadier de police
・遵守事項	・instructions [conditions] à respecter ; règles
・照会	・demande de renseignements
・傷害	・blessure (physique) ; lésion corporelle
・召喚	・assignation ; citation
・召喚状	・(acte d') assignation ; (acte de) citation
・召喚する	・assigner ; citer
・情況（状況）証拠	・preuves circonstancielles

・証言	・témoignage ; déposition
・証拠	・preuves
・証拠開示	・présentation [production] de preuves
・上告	・dernier appel [recours] ; pourvoi en cassation (devant la Cour suprême) ; pourvoi *Jokoku*
・上告趣意書	・mémoire d'argumentation du pourvoi (*Jokoku*) ; mémoire ampliatif
・上告審	・procédure devant la Cour suprême
・上告理由	・motifs du pourvoi (*Jokoku*)
・証拠決定	・décision d'examen ou non de preuves
・証拠書類	・preuves documentaires ; document probant ; pièces justificatives [probantes]
・証拠調べ	・examen des preuves
・証拠資料	・matériaux de preuve ; documents probants
・証拠説明	・description des preuves
・証拠等関係カード	・formulaire de liste des preuves
・証拠能力	・admissibilité d'une preuve
・証拠の提示	・présentation [production] d'une preuve
・証拠の標目	・liste des preuves
・証拠排除	・exclusion de preuve
・証拠物	・preuve matérielle ; éléments de preuve matériels
・証拠方法	・moyen de preuve
・証拠保全	・conservation [préservation] des preuves
・常習性	・à caractère habituel

・常習犯	・récidiviste ; invétéré
・情状	・circonstances
・情状酌量	・circonstances atténuantes
・上申書	・déclaration écrite ; rapport
・上訴	・recours [appel ; pourvoi] (devant une juridiction supérieure)
・上訴権者	・titulaire du droit de recours [d'appel]
・上訴裁判所	・tribunal d'appel ; juridiction de recours
・上訴趣意書	・mémoire d'appel ; mémoire ampliatif ; mémoire de recours
・上訴提起期間	・délai de recours [d'appel]
・上訴の取下げ	・désistement d'un recours [d'un appel]
・上訴の放棄	・renonciation au droit de recours [d'appel]
・焼損する	・brûler ; endommager par le feu
・証人	・témoin ; déposant
・証人尋問	・audition [interrogatoire] d'un témoin
・証人尋問調書	・procès-verbal d'audition d'un témoin
・証人等特定事項	・éléments d'identification d'un témoin
・少年	・mineur
・少年院	・centre éducatif pour mineurs ; établissement de redressement ; prison-école
・少年刑務所	・centre de détention pour mineurs
・条文	・article
・小法廷	・Petite chambre de la Cour suprême
・抄本	・extrait
・証明予定事実	・faits à prouver

・証明力	・force probante ; valeur probante
・条約	・traité ; convention
・上陸拒否事由	・motif de refus de débarquement
・条例	・arrêté ; règlement (municipal, etc.)
・除外決定	・décision d'exclusion
・処遇事件	・affaire de traitement
・嘱託する	・confier (qc à qn) ; charger (qn de qc)
・職務質問	・questions posées par un officier de police
・職務従事予定期間	・période prévue pour l'exercice de la fonction de *Saiban-in* [juré populaire/juge non-professionnel]
・所持品検査	・inspection des effets personnels (par la police)
・書証	・preuve écrite ; pièce probante ; preuve documentaire ; documents probants
・除斥	・décharge d'un juge ; exclusion d'un juge d'une affaire en vertu de la loi
・処断する	・sanctionner ; punir ; condamner
・職権	・autorité ; compétence ; attributions
・職権証拠調べ	・examen des preuves dans le cadre des attributions du juge
・職権調査	・examen dans le cadre des attributions du juge
・職権保釈	・mise en liberté sous caution dans le cadre des attributions du juge
・職権濫用	・abus de pouvoir

- 処罰条件 — conditions nécessaire pour punir [sanctionner] un acte
- 初犯 — premier délit ; délinquant primaire
- 署名 — signature
- 資力申告書 — déclaration de ressources
- 信義則 — principes de justice et d'équité
- 人権擁護局 — Bureau de protection des droits (du Ministère de la Justice)
- 親告罪 — délits dont la poursuite dépend du dépôt d'une plainte par la victime ; délit pouvant faire l'objet de poursuites sur plainte
- 審査補助員 — assistant du comité d'enquête sur les poursuites
- 心証 — (intime) conviction
- 身上照会回答書 — réponse à une enquête concernant les antécédents familiaux
- 心神耗弱 — faiblesse d'esprit ; capacités (intellectuelles) diminuées
- 心神喪失 — aliénation mentale ; démence
- 審尋 — audition ; interrogatoire
- 人身取引 — trafic d'êtres humains ; trafic de personnes
- 真正な — authentique
- 親族相盗 — vol commis contre des parents
- 身体検査 — fouille à corps ; examen physique d'une personne
- 身体検査令状 — mandat autorisant la fouille à corps

	[l’examen physique d’une personne]
・診断書	・certificat [rapport] médical
・人定質問	・questions à l’accusé [au prévenu] pour identification ; questions d'identification individuelle
・シンナー	・dissolvant ; diluant
・審判	・audience ; jugement
・審判期日	・date d'audience
・審判調書	・procès-verbal d'audience
・尋問事項	・questions de l’interrogatoire [de l’audition]
・尋問する	・interroger ; auditionner ; entendre
・信用性	・crédibilité
・信頼の原則	・principe de la confiance en une conduite raisonnable
・審理不尽	・décision prématurée
・推定する	・présumer ; estimer
・性格異常	・troubles du caractère ; trouble de la personnalité ; trouble caractériel
・生活環境	・cadre de vie
・税関	・douane
・請求による裁判員等の解任	・révocation d’un *Saiban-in* [juré populaire/juge non-professionnel] suite à une demande
・正式裁判	・jugement officiel
・正式裁判請求	・demande d’un jugement officiel
・精神鑑定	・expertise psychiatrique

- 精神障害者 — personne handicapée mentale ; personne souffrant d'une déficience intellectuelle ; personne souffrant de troubles mentaux
- 精神障害を改善する — soigner des troubles mentaux
- 精神病 — maladie mentale ; troubles mentaux ; troubles psychiques
- 精神病質 — personnalité psychopathe
- 精神保健観察 — surveillance de la santé mentale
- 精神保健参与員 — conseiller pour la santé mentale
- 精神保健指定医 — médecin désigné pour la santé mentale
- 精神保健審判員 — médecin nommé pour une affaire concernant la santé mentale
- 精神保健判定医 — médecin habilité à juger d'un cas de santé mentale
- 精神保健福祉士 — travailleur [assistant] social pour la santé mentale
- 正当業務行為 — acte accompli dans l'exercice d'activités légales
- 正当防衛 — légitime défense
- 正犯 — auteur (d'un crime [délit])
- 正本 — copie authentique [authentifiée] ; copie certifiée conforme ; original
- 声紋 — empreinte vocale
- 政令 — arrêté (ministériel) ; ordonnance ; décret
- 責任 — responsabilité
- 責任軽減事由 — cause d'atténuation de la responsabilité

・責任阻却事由	・cause de décharge de la responsabilité (pénale) ; (motifs d') excuse
・責任能力	・capacité à être responsable ; responsabilité pénale
・責任無能力者	・personne sans responsabilité pénale ; personne pénalement irresponsable
・責任要素	・éléments constitutifs [facteurs] de la responsabilité
・責問権の放棄	・abandon du droit d'invoquer [d'alléguer] une irrégularité [une erreur ; un vice] de procédure
・是正命令	・ordre [ordonnance] de rectification
・接見	・entrevue ; visite et communication (et remise/réception d'objets)
・接見禁止	・interdiction au prévenu [à l'accusé] ou au suspect détenu d'avoir des entrevues ou des contacts avec des personnes extérieures (et de remettre/recevoir des objets)
・接見交通	・entrevues ou contacts du prévenu [de l'accusé] ou du suspect détenu avec des personnes extérieures (et remise/réception d'objets)
・窃取	・vol
・絶対的控訴理由	・motif absolu d'appel (*Koso*)
・是非弁別	・distinction entre le bien et le mal ;

distinguer le bien du mal

- 前科 ・casier judiciaire ; condamnations antérieures [précédentes] ; antécédents judiciaires
- 前科調書 ・dossier [casier] judiciaire ; relevé des condamnations antérieures
- 宣告する ・prononcer
- 宣誓 ・serment
- 専属管轄 ・compétence (juridictionnelle) exclusive ; juridiction exclusive ; compétence d'attribution exclusive
- 選任決定 ・décision de désignation d'un *Saiban-in* [juré populaire/juge non-professionnel]
- 選任予定裁判員 ・*Saiban-in* [juré populaire/juge non-professionnel] désigné d'avance
- 訴因 ・chefs d'accusation
- 訴因変更 ・révision des chefs d'accusation
- 訴因を明示する ・indiquer clairement les chefs d'accusation
- 捜査 ・enquête ; investigation ; recherche
- 捜査機関 ・autorité enquêtrice
- 捜査記録 ・procès-verbal [rapport] d'enquête
- 捜索 ・recherche ; fouille
- 捜索差押許可状 ・mandat de perquisition et de saisie
- 捜索差押調書 ・procès-verbal de perquisition et de saisie
- 捜索状 ・mandat de perquisition
- 捜索調書 ・rapport [procès-verbal] de perquisition

・捜査照会回答書 ・réponse à une demande d'enquête
・捜査状況報告書 ・rapport d'enquête
・送達する ・signifier
・送致する ・envoyer ; expédier
・相当因果関係 ・relation de cause à effet suffisante
・相当な理由 ・cause probable ; motif raisonnable
・遡及処罰の禁止 ・interdiction des sanctions rétroactives
・即時抗告 ・appel (*Kokoku*) immédiat
・訴訟記録 ・pièces [dossier] d'un procès
・訴訟係属 ・litispendance
・訴訟行為 ・acte d'instance ; acte de procédure
・訴訟指揮 ・présidence des débats [du procès]
・訴訟条件 ・conditions des poursuites
・訴訟手続 ・procédure (juridictionnelle)
・訴訟手続の法令違反 ・violation des lois et règlements de la procédure
・訴訟能力 ・capacité d'agir en justice
・訴訟費用 ・dépens [frais] du procès ; frais de justice ; frais judiciaires
・速記 ・sténographie
・即決裁判手続 ・procédure judiciaire accélérée
・疎明 ・preuve suffisante à première vue ; preuve *prima facie*
・疎明資料 ・matériaux de preuve suffisante à première vue [de preuve *prima facie*]
・損害賠償命令 ・ordre de réparer [d'indemniser] les

dommages [le préjudice]

【た　行】

・第一審　・jugement [tribunal] de première instance ; première instance ; jugement [procès] en première instance

・退院　・sortie ; départ

・退去強制令書　・ordre d'expulsion du territoire

・大使　・ambassadeur [ambassadrice]

・大使館　・ambassade

・対質　・confrontation

・大赦　・amnistie générale

・対象行為　・acte visé ; acte faisant l'objet de

・対象事件　・affaire visée ; affaire faisant l'objet de

・対象者　・personne visée ; personne faisant l'objet de

・代替収容　・détention de substitution

・退廷しなさい　・« Quittez la salle d'audience ! »

・退廷命令　・ordre d'expulsion de la salle d'audience

・逮捕　・arrestation

・大法廷　・Grande chambre [Assemblée plénière] de la Cour suprême

・逮捕状　・mandat d'arrêt

・大麻　・cannabis ; marijuana ; chanvre indien

・大麻樹脂　・résine de cannabis

・大麻草　・feuilles de cannabis [marijuana ; chanvre indien]

・代理権	・pouvoir de représentation
・立会い	・présence (aux débats) ; assister aux débats
・弾劾証拠	・preuve d'accusation [de mise en accusation]
・嘆願書	・pétition écrite, requête
・単独犯	・criminel [délinquant] commettant un crime [délit] sans complice ; criminel [délinquant] ayant agi seul
・知的障害	・handicap mental ; déficience mentale [intellectuelle] ; retard mental
・地方検察庁（地検）	・parquet de district
・地方検察庁支部	・annexe du parquet de district
・地方公共団体	・collectivité locale
・地方裁判所（地裁）	・tribunal de district
・地方裁判所支部	・annexe du tribunal de district
・地方法務局	・bureau des affaires légales de district
・注意義務	・obligation [devoir] de prudence ; devoir de diligence
・中央更生保護審査会	・Commission nationale de réhabilitation
・中止犯	・désistement volontaire ; auteur qui a suspendu son acte criminel [délictueux] avant qu'il ne soit accompli ; abandon volontaire de la commission du crime [délit] par son auteur
・中止未遂	・tentative [de délit ; de crime] suspendue par son auteur
・懲役	・emprisonnement avec travail ; réclusion

	(criminelle)
・長期３年以上	・durée maximum de trois ans ou plus ; peines dont le plafond est fixé à trois ans ou plus [trois ans minimum]
・調書	・procès-verbal ; déclaration écrite
・調書判決	・jugement écrit contenu dans les minutes [le procès-verbal] du procès
・直接証拠	・preuve directe
・陳述する	・faire une déclaration [déposition] ; déclarer [déposer] ; exposer ; plaider
・追完する	・régulariser [corriger] un défaut ; compléter postérieurement
・追起訴	・poursuites [accusation(s), inculpation(s)] supplémentaires [ultérieures]
・追徴	・recouvrement d'une valeur équivalente (à l'article sujet à confiscation) ; recouvrement de valeur équivalente
・追徴保全	・ordonnance conservatoire pour le recouvrement d'une valeur équivalente
・通院期間の延長	・prolongation de la durée de traitement ambulatoire
・通常逮捕	・arrestation ordinaire
・通達	・notification ; avis ; circulaire
・通訳	・interprétation ; interprète
・付添い	・accompagnement
・付添人	・accompagnant ; personne de conseil ;

personne d’assistance

・つきまとい	・harcèlement
・罪となるべき事実	・faits constituant le crime [délit]
・罪を犯したことを疑うに足りる充分な理由	・raison suffisante de soupçonner que la personne a commis le crime [délit]
・罪を行い終わってから間がない	・immédiatement après la commission du crime [délit]
・連戻状	・mandat d'amener une personne en fuite
・連れ戻す	・ramener une personne en fuite
・DNA 鑑定	・expertise génétique ; expertise d’ADN
・提出命令	・ordre de production [de présentation]
・廷吏	・huissier audiencier
・撤回	・retrait ; rétractation ; révocation
・電子計算機	・ordinateur
・電磁的記録	・enregistrement électromagnétique
・伝聞供述	・témoignage par ouï-dire
・伝聞証拠	・preuve par ouï-dire
・伝聞法則	・règle du ouï-dire
・電話聴取書	・procès-verbal par téléphone ; rapport d’audition téléphonique
・同意	・consentement ; accord ; admission
・道義的責任	・responsabilité morale
・統合失調症	・schizophrénie
・同行状	・mandat d'amener
・同行する	・conduire ; accompagner
・当事者	・partie

・謄写する	・copier
・盗聴	・écoute (clandestine) ; interception [surveillance] des conversations [communications] téléphoniques
・答弁書	・réponse (écrite)
・謄本	・transcription ; copie certifiée ; duplicata ; copie conforme
・特殊開錠用具	・outils spéciaux de crochetage [forçage] de serrure
・特定侵入行為	・actes spéciaux d'effraction [de violation de domicile]
・特に信用すべき情況（特信情況）	・circonstances particulièrement crédibles
・特別抗告	・appel [recours] spécial ; appel *Kokoku* spécial
・特別弁護人	・avocat spécial
・土地管轄	・compétence [juridiction] territoriale
・都道府県公安委員会	・Commission préfectorale de la sécurité publique
・取り消す	・révoquer ; annuler ; rejeter
・取り下げる	・retirer
・取り調べる	・interroger ; examiner ; procéder à un examen
・トルエン	・toluène

【な　行】

・内閣府	・Bureau du Cabinet

・捺印	・apposer [mettre] son sceau
・二重の危険	・double péril ; double incrimination
・日本司法支援センター（法テラス）	・Centre d’assistance juridique du Japon (Ho-terasu)
・入院	・hospitalisation ; être hospitalisé
・入院継続の確認	・confirmation [déclaration] de poursuite de l’hospitalisation
・入院によらない医療	・soins médicaux sans hospitalisation
・入院を継続する	・poursuivre l’hospitalisation
・入国	・entrée (dans un pays [au Japon])
・入国管理局	・Bureau national de l'immigration
・入国管理局出張所	・poste du Bureau national de l'immigration
・入国管理センター	・Centre de l’immigration
・入国者収容所	・Centre de détention de l'immigration
・入国審査官	・inspecteur de l’immigration
・入国手続	・procédure d’entrée [d’immigration]
・任意性	・caractère volontaire ; caractère facultatif
・任意捜査	・enquête sur une base volontaire
・任意提出書	・formulaire de présentation volontaire (de matériaux probants)
・任意的弁護事件	・affaire ne nécessitant pas la présence d’un avocat ; affaire pour laquelle la présence d’un avocat est facultative
・任意同行	・accompagnement volontaire
・脳挫傷	・contusion [lésion] cérébrale

【は　行】

・売春	・prostitution
・売春周旋	・proxénétisme
・陪席裁判官	・(juge) assesseur
・破棄移送	・annulation [cassation] et transfert
・破棄差戻し	・annulation [cassation] et renvoi
・破棄自判	・annulation du jugement de première instance et arrêt rendu en deuxième instance ; annulation et arrêt ; arrêt au lieu de la décision annulée ; décision de fond à la place du jugement annulé
・破棄する	・annuler ; casser
・破棄判決	・décision [arrêt] d'annulation [de cassation]
・罰金	・amende
・ハッシシ（ハッシシュ）	・haschich
・罰条	・articles des lois applicables ; dispositions (pénales) applicables
・犯意	・intention [volonté] criminelle ou délictueuse ; *mens rea*
・判決	・jugement ; décision ; arrêt ; verdict
・判決書	・texte du jugement
・判決に影響を及ぼすことが明らか	・affecte clairement le jugement
・判決の宣告	・prononciation [prononcé] du jugement
・判決理由	・motifs du jugement [de la décision]
・犯行	・crime ; délit ; acte criminel [délictueux]
・犯罪	・infraction ; délit ; crime ; contravention

・犯罪行為を組成した物（犯罪組成物件）	・objet (matériel) qui est constitutif du délit [crime]
・犯罪事実	・faits constituant le crime [délit] ; faits criminels [délictueux]
・犯罪収益	・produit du crime [délit]
・判事	・juge
・判示する	・statuer ; affirmer ; conclure ; juger ; dire
・判事補	・juge adjoint ; assistant d'un juge
・反証	・contre-preuve ; preuve contraire ; preuve en réfutation
・犯情	・circonstances environnant le crime [délit] ; circonstances du crime [délit]
・反則金	・amende forfaitaire (pour infraction aux règles de circulation)
・反対尋問	・interrogatoire contradictoire ; contre-interrogatoire ; contre-audition
・判例	・précédent judiciaire ; jurisprudence ; *stare decisis*
・判例違反	・violation de la jurisprudence
・判例変更	・changement de la jurisprudence
・犯歴	・antécédents judiciaires ; casier judiciaire
・被害者	・victime ; partie lésée
・被害者還付	・restitution à la victime
・被害者参加人	・victime participant à la procédure [au procès]
・被害者参加弁護士	・avocat d'une victime participant à la

procédure

- 被害者特定事項 ・éléments d'identification de la victime
- 被害届 ・(formulaire de) déclaration de victime
- 被疑者 ・suspect
- 非供述証拠 ・preuve non testimoniale
- 非行 ・(acte de) délinquance
- 被告事件 ・affaire faisant l'objet des poursuites ; affaire pour laquelle une personne est poursuivie ; affaire criminelle [délictueuse] ; affaire de crime [de délit] ; affaire [dossier] de poursuites ; affaire [dossier] d'accusation
- 被告人 ・accusé ; prévenu
- 被告人の退廷 ・départ de l'accusé [du prévenu] de la salle du tribunal
- 被収容者 ・accusé [prévenu] en détention ; détenu
- 非常上告 ・pourvoi extraordinaire (*Jokoku*) devant la Cour suprême (pour mesure de rectification)
- 左陪席裁判官 ・juge [magistrat] assis à gauche (dans une formation de jugement)
- ピッキング用具 ・outils de forçage [crochetage] de serrure
- 筆跡 ・(document) manuscrit
- 必要的弁護事件 ・affaire requérant [nécessitant] la présence d'un avocat [défenseur] durant les débats
- 必要的保釈 ・mise en liberté sous caution obligatoire ;

obligation d'autoriser la mise en liberté sous caution

- ビデオリンク ・ système vidéo de témoignage à distance
- 秘匿決定 ・ décision de protection de la confidentialité ; décision de maintien du secret
- 否認 ・ dénégation ; non-approbation ; désaveu
- 評議 ・ délibération
- 評決 ・ verdict ; décision
- 被略取者 ・ victime d'enlèvement [de rapt] ; personne enlevée
- 不意打ち ・ surprise ; élément imprévu
- 附加［付加］刑 ・ peine supplémentaire
- 不可抗力 ・ force majeure
- 不可罰的事後行為 ・ acte non punissable par la loi commis après le délit initial ; acte non punissable subséquent au délit initial (par ex., destruction de la propriété d'autrui après l'avoir volée)
- 不起訴処分 ・ décision de ne pas engager de poursuites ; classement sans suite
- 副検事 ・ procureur adjoint
- 不告不理の原則 ・ principe d'impossibilité d'un jugement sans poursuites
- 不作為犯 ・ omission délictueuse ; délit d'omission
- 婦人補導院 ・ centre d'aide à la réinsertion pour jeunes femmes ; centre d'orientation pour

femmes

- 不選任の決定 — décision de non-désignation (d'un *Saiban-in* [juré populaire/juge non-professionnel])
- 物的証拠 — preuves matérielles
- 不定期刑 — peine de durée indéterminée
- 不適格事由 — motif de non-qualification (d'un *Saiban-in* [juré populaire/juge non-professionnel])
- 不同意 — non-consentement ; absence de consentement ; non admission ; n'être pas admis
- 不当逮捕 — arrestation malveillante
- 不能犯 — Délit ou infraction impossible ; délit manqué
- 不服申立て — formuler une objection ; formulation d'une objection
- 部分判決 — jugement partiel
- 不法在留 — séjour illégal [sans titre]
- 不法残留 — prolongation illégale de séjour ; dépassement (illégal) de la durée de séjour autorisée
- 不法入国 — entrée illégale
- 不法領得の意思 — intention de voler (*animus furandi*) ; intention frauduleuse de soustraire
- 不利益な事実の承認 — reconnaissance d'un fait à son propre désavantage ; aveu ; approbation d'un fait

défavorable

- 不利益変更の禁止 — interdiction d'une modification qui serait au désavantage de l'accusé ; interdiction de la *reformatio in pejus*
- 併科する — imposer [condamner à] des peines concurrentes
- 併合決定 — décision de jonction des procédures
- 併合罪 — concours réel de délits [crimes]
- 併合する — joindre
- 別件逮捕 — arrestation pour un délit [crime] autre que le principal (arrestation pour un délit [crime] moins grave en vue d'obtenir la confession d'un autre plus grave)
- 別の合議体による裁判所 — tribunal constitué par une autre formation de jugement
- 弁解録取書 — déclaration du suspect
- 弁護士 — avocat
- 弁護士会 — barreau
- 弁護人 — conseil ; avocat (de la défense) ; défenseur
- 弁護人依頼権 — droit d'être assisté par un conseil [avocat] ; droit d'accès à un conseil [avocat]
- 弁護人選任権 — droit de désigner un conseil [avocat]
- 変造 — altérer ; falsifier
- 弁論 — débats ; plaidoirie ; plaidoyer ; procédure (orale)
- 弁論再開 — reprise des débats

・弁論終結	・conclusion des débats
・弁論能力	・capacité à participer aux débats
・弁論分離	・séparation des débats
・弁論併合	・jonction des débats
・弁論要旨	・plaidoirie résumée [finale] de l'avocat de la défense
・防衛の意思	・intention de se défendre
・包括一罪	・jonction des délits [crimes] assimilés
・謀議	・complot
・防御権	・droit de défense
・暴行	・violences ; coups et blessures ; voies de fait
・傍受	・interception de communications ; écoutes téléphoniques
・幇助する	・aider ; être complice
・幇助犯	・complice ; personne qui aide
・法人	・personne morale ; personne juridique ; société
・傍聴席	・places du public [des auditeurs] ; places de l'auditoire
・傍聴人	・auditeur
・法廷	・(salle du) tribunal ; cour
・法定刑	・peine prescrite [fixée] par la loi
・法廷警察権	・pouvoir de maintien de l'ordre au tribunal
・法定代理人	・représentant légal
・法定手続の保障	・garantie d'une procédure conforme à la loi ; garantie du respect de la légalité

・冒頭陳述	・exposé [déclaration] préliminaire (des faits)
・法の不知	・ignorance de la loi [d'une loi]
・法の下の平等	・égalité devant la loi
・方法の錯誤	・erreur de maladresse ; erreur de fait (*aberratio ictus*)
・法務局	・Bureau des affaires légales
・法務省	・Ministère de la Justice
・法律	・loi ; droit ; législation
・法律上の減軽	・atténuation légale
・法律の錯誤	・erreur de droit
・法律の適用	・application de la loi
・法律審	・juge du droit
・暴力団	・gang ; organisation criminelle ; bande organisée
・法令	・lois ; lois et ordonnances ; lois et règlements
・法令適用の誤り	・erreur dans l'application de la loi
・保護観察	・liberté surveillée ; probation ; surveillance probatoire
・保護観察官	・agent (officiel) de liberté surveillée ; agent de probation
・保護観察所	・bureau de la liberté surveillée ; service de probation
・保護司	・agent de liberté surveillée [probation] bénévole ; délégué à la liberté surveillée bénévole

- 保護者 ・gardien (d'un mineur) ; parents (d'un mineur) ; personne ayant la garde (d'un mineur) ; tuteur [tutrice] ; gardien d'un enfant
- 保護法益 ・intérêts protégés par la loi
- 保護命令 ・ordre de protection
- 保佐監督人 ・surveillant du curateur
- 補佐人 ・assistant du prévenu [de l'accusé]
- 保佐人 ・curateur [curatrice]
- 保釈 ・mise en liberté sous caution
- 保釈取消し ・révocation de la mise en liberté sous caution
- 保釈保証金 ・caution ; cautionnement en espèces
- 補充員 ・membre suppléant du comité d'enquête sur les poursuites ; suppléant
- 補充裁判員 ・*Saiban-in* [juré populaire/juge non-professionnel] suppléant
- 補充書 ・complément
- 補助監督人 ・superviseur d'un adjoint [assistant]
- 補助人 ・adjoint ; assistant
- 没取 ・confiscation ; saisie
- 没収する ・confisquer ; saisir
- 没収保全 ・ordre de mesure conservatoire pour saisie [confiscation]
- ポリグラフ検査 ・test du détecteur de mensonges [du polygraphe] ; test de polygraphie

・本籍	・domicile légal

【ま　行】

・麻薬	・drogue ; stupéfiants ; narcotiques
・麻薬常習者	・toxicomane ; drogué
・マリファナ	・marijuana
・右陪席裁判官	・juge d'une formation de jugement assis à la droite du président
・未決勾留	・détention provisoire ; détention préventive
・未遂	・tentative
・未成年者	・mineur
・密売者	・trafiquant
・密輸出	・exportation illégale [frauduleuse]
・密輸入	・importation illégale [frauduleuse]
・未必の故意	・dol éventuel (*dolus eventualis*) ; mise en danger délibérée de la personne d'autrui
・身分犯	・crime [délit] dont la constitution dépend du statut [de la qualité] de son auteur
・無期懲役	・emprisonnement [réclusion] à perpétuité [à vie] avec travail
・無罪	・innocent ; innocence ; acquitté ; acquittement ; non coupable
・無罪の推定	・présomption d'innocence
・無銭飲食	・grivèlerie
・無断退去者	・personne ayant quitté un établissement (psychiatrique) sans autorisation

・無賃乗車 ・voyage sans titre de transport ; utilisation d'un moyen de transport sans billet

・無能力者 ・incapable

・酩酊 ・ébriété ; ivresse

・命令 ・ordre ; commandement ; injonction ; mandat

・免訴 ・non-lieu

・毛髪鑑定 ・expertise de cheveux

・黙秘権 ・droit de garder le silence

【や　行】

・薬物犯罪収益 ・produit de crimes [délits] liés à la drogue

・やむを得ずにした行為 ・acte accompli en raison d'une nécessité impérieuse

・誘引 ・incitation

・有期懲役 ・emprisonnement [réclusion] de durée déterminée avec travail

・有罪 ・culpabilité ; coupable

・宥恕 ・pardon ; excuse

・誘導尋問 ・question orientée [tendancieuse]

・ゆすり ・extorsion ; chantage

・予見可能性 ・prévisibilité

・余罪 ・autres crimes [délits] pas encore poursuivis

・予断排除 ・absence de préjugé ; exclusion du préjugé

・予備 ・préparation

・呼出状 ・(avis de) sommation ; (avis d') assignation ;

citation

・呼び出す ・assigner (à) ; citer (à) ; sommer (de)

・予備的訴因 ・deuxième chef d'accusation

【ら　行】

・立証趣旨 ・sujet [objet] de la preuve

・立証する ・prouver ; établir ; démontrer

・立証責任 ・charge [fardeau] de la preuve

・略式手続 ・procédure simplifiée

・略式命令 ・ordre simplifié

・略取 ・enlèvement

・留置施設 ・établissement [installation] de détention

・理由のくいちがい ・motifs contradictoires ; incohérence des raisons

・理由の不備 ・insuffisance des motifs ; motifs insuffisants

・理由を示さない不選任の請求 ・requête de non-désignation (d'un *Saiban-in* [juré populaire/juge non-professionnel]) sans en dévoiler les motifs

・量刑 ・détermination de la peine ; jugement ; peine déterminée

・量刑不当 ・peine injuste [injustifiée] ; inadéquation de la peine

・領事 ・consul

・領事館 ・consulat

・領収書 ・reçu ; récépissé ; acquit

・領置 ・réception des pièces à conviction

- 領置調書 ・procès-verbal de réception des pièces à conviction
- 両罰規定 ・règle de double responsabilité
- 旅券（パスポート） ・passeport ; titre de voyage
- 輪姦 ・viol en réunion
- 臨検 ・inspection sur les lieux ; arraisonnement ; inspection à bord
- 臨床尋問 ・interrogatoire [audition] d'un malade dans un établissement d'hospitalisation
- 類型証拠開示 ・production [présentation] des preuves catégorisées
- 類推解釈 ・interprétation par analogies
- 累犯 ・récidive
- 令状 ・mandat (d'arrêt, etc.) ; acte judiciaire
- 連行する ・conduire (quelqu'un)
- 労役場留置 ・détention dans un établissement de travail [atelier pénitentiaire]
- 録音 ・enregistrement
- 録取（する） ・enregistrer
- 論告 ・réquisitoire (du ministère public, du procureur) ; plaidoyer réquisitorial
- 論告要旨 ・résumé du réquisitoire

【わ　行】

- わいせつ ・obscénité ; indécence
- わいろ ・pot-de-vin

・和解　・règlement ; compromis ; arrangement ; transaction

第2章　法令名

【あ　行】

・あへん法	・Loi sur l'opium
・医師法	・Loi sur les praticiens médicaux
・意匠法	・Loi sur les dessins et modèles
・医薬品，医療機器等の品質，有効性及び安全性の確保等に関する法律（医薬品医療機器等法，薬機法）	・Loi sur l’assurance de qualité, d’efficacité et de sécurité des produits pharmaceutiques et appareils médicaux, etc. (Loi sur les produits pharmaceutiques et appareils médicaux)
・印紙等模造取締法	・Loi sur le contrôle de la contrefaçon des timbres
・印紙犯罪処罰法	・Loi sur la répression des délits concernant les timbres
・インターネット異性紹介事業を利用して児童を誘引する行為の規制等に関する法律	・Loi sur le contrôle des pratiques d’incitation des mineurs par l’intermédiaire de services de rencontre en ligne
・恩赦法	・Loi d’amnistie ; Loi sur l'amnistie

【か　行】

・外国ニ於テ流通スル貨幣紙幣銀行券証券偽造変造及模造ニ関スル法律（外貨偽造法）	・Loi sur la contrefaçon, l’altération et l’imitation des pièces, billets de banque, papier monnaie et titres en circulation dans les États étrangers (Loi sur la contrefaçon des monnaies étrangères)

・外国為替及び外国貿易法（外為法）	・Loi sur les changes et le commerce extérieur
・外国裁判所ノ嘱託ニ因ル共助法	・Loi sur l'assistance judiciaire sur demande des tribunaux étrangers
・外国人漁業の規制に関する法律	・Loi sur la réglementation des opérations de pêche par des nationaux étrangers
・外国人登録法	・Loi sur l'enregistrement des étrangers
・海洋汚染等及び海上災害の防止に関する法律	・Loi sur la prévention de la pollution maritime et des catastrophes maritimes
・海上交通安全法	・Loi sur la sécurité du trafic maritime
・海上衝突予防法	・Loi sur la prévention des collisions en mer
・火炎びんの使用等の処罰に関する法律	・Loi sur la répression de l'utilisation des cocktails Molotov et des autres actes illicites les concernant
・覚醒剤取締法	・Loi sur le contrôle des drogues stimulantes
・貸金業法	・Loi sur les activités de prêt d'argent
・火薬類取締法（火取法）	・Loi sur le contrôle des explosifs
・関税定率法	・Loi sur les tarifs douaniers
・関税法	・Loi sur la douane
・漁業法	・Loi sur les pêches
・漁船法	・Loi sur les bateaux de pêche
・銀行法	・Loi sur les banques
・金融商品取引法	・Loi sur les instruments financiers et les marchés boursiers
・警察官職務執行法（警職法）	・Loi sur l'exécution des missions de police
・警察法	・Loi sur la police

・刑事確定訴訟記録法	・Loi sur les documents des affaires criminelles [pénales] classées
・刑事収容施設及び被収容者等の処遇に関する法律	・Loi sur les installations de détention criminelle [pénale] et le traitement des détenus
・刑事訴訟規則（刑訴規則）	・Règles de procédure pénale
・刑事訴訟費用等に関する法律	・Loi concernant les frais de justice des procédures pénales
・刑事訴訟法（刑訴法）	・Code de procédure pénale
・刑事補償法	・Loi sur l'indemnisation en matière pénale (Loi sur l'indemnisation des personnes condamnées et reconnues ultérieurement comme innocentes)
・競馬法	・Loi sur les courses hippiques
・軽犯罪法	・Loi sur les infractions et délits mineurs
・刑法	・Code pénal
・検察審査会法	・Loi relative aux comités d'enquête sur les poursuites
・検察庁法	・Loi sur le parquet [ministère public]
・航空機の強取等の処罰に関する法律	・Loi sur la répression des actes de piraterie aérienne
・航空の危険を生じさせる行為等の処罰に関する法律	・Loi sur la répression des actes dangereux pour la navigation aérienne
・更生保護事業法	・Loi sur les programmes de réhabilitation [réinsertion] des délinquants
・更生保護法	・Loi sur la réhabilitation [réinsertion] des

délinquants ; Loi sur la réhabilitation [réinsertion] des auteurs d'infraction

- 国際受刑者移送法 ・Loi sur les transferts transnationaux de condamnés
- 国際人権規約 ・Pactes internationaux relatifs aux droits humains (Pacte international relatif aux droits civils et politiques ; Pacte international relatif aux droits économiques, sociaux et culturels)
- 国際捜査共助等に関する法律 ・Loi sur l'assistance internationale en matière d'enquêtes
- 国際的な協力の下に規制薬物に係る不正行為を助長する行為等の防止を図るための麻薬及び向精神薬取締法等の特例等に関する法律（麻薬特例法） ・Loi sur les dispositions spéciales à la Loi sur le contrôle des stupéfiants et des psychotropes en vue de prévenir à travers la coopération internationale la facilitation des actes illégaux relatifs aux substances réglementées (Loi sur les dispositions spéciales à la Loi sur le contrôle des stupéfiants et des psychotropes)
- 国籍法 ・Loi sur la nationalité
- 戸籍法 ・Loi sur l'état civil

【さ　行】

- 裁判員の参加する刑事裁判に関する法律 ・Loi sur les procès criminels avec participation de *Saiban-in* [jurés

	populaires/juges non-professionnels]
・裁判員の参加する刑事裁判に関する規則	・Règles sur les procès criminels avec participation de *Saiban-in* [jurés populaires/juges non-professionnels]
・裁判所法	・Loi sur les tribunaux
・酒に酔って公衆に迷惑をかける行為の防止等に関する法律	・Loi sur la prévention des perturbations de l’ordre public par les personnes en état d'ivresse
・自転車競技法	・Loi sur les courses cyclistes
・自動車損害賠償保障法	・Loi sur l’assurance de la responsabilité en matière de véhicules
・自動車の保管場所の確保等に関する法律	・Loi sur l’obligation de disponibilité d’espaces de stationnement pour les véhicules
・自動車の運転により人を死傷させる行為等の処罰に関する法律	・Loi sur la répression des actes ayant entraîné des blessures physiques ou un décès à travers la conduite d’un véhicule
・児童福祉法	・Loi sur le bien-être de l'enfance
・児童買春，児童ポルノに係る行為等の処罰及び児童の保護等に関する法律	・Lois sur la répression des actes relatifs à la prostitution enfantine et la pornographie enfantine et sur la protection de l’enfance
・銃砲刀剣類所持等取締法（銃刀法）	・Loi sur le contrôle de la détention d'armes à feu et d'armes blanches (Loi sur les armes à feu et armes blanches)
・出資の受入れ，預り金及び金利等の取締りに関する法律	・Loi sur le contrôle de l’investissement, des dépôts et des intérêts

・出入国管理及び難民認定法	・Loi sur le contrôle de l'immigration et la reconnaissance des réfugiés
・少年法	・Loi sur les mineurs
・商標法	・Loi sur les marques
・商法	・Code de commerce
・職業安定法	・Loi sur la sécurité de l'emploi
・所得税法	・Loi sur l'impôt sur le revenu
・心神喪失等の状態で重大な他害行為を行った者の医療及び観察等に関する法律（心神喪失者等医療観察法）	・Loi sur les soins médicaux et l'observation des personnes en condition d'aliénation mentale ayant porté un grave préjudice à autrui (Loi sur les soins médicaux et l'observation des personnes en condition d'aliénation mentale)
・人身保護法	・Loi sur la protection des libertés individuelles
・森林法	・Loi sur les forêts
・ストーカー行為等の規制等に関する法律	・Loi sur le contrôle des actes de traque et autres formes de harcèlement
・精神保健及び精神障害者福祉に関する法律（精神保健法）	・Loi sur la santé mentale et le bien-être des handicapés mentaux (Loi sur la santé mentale)
・船員法	・Loi sur les marins
・船舶安全法	・Loi sur la sécurité maritime
・船舶職員及び小型船舶操縦者法	・Loi sur les officiers de marine et les opérateurs d'embarcations
・船舶法	・Loi sur la marine

・組織的な犯罪の処罰及び犯罪収益の規制等に関する法律	・Loi sur la répression du crime organisé et le contrôle du produit des activités criminelles

【た　行】

・大麻取締法	・Loi sur le contrôle du cannabis
・著作権法	・Loi sur le droit d'auteur
・通貨及証券模造取締法	・Loi sur le contrôle de la contrefaçon des monnaies et des titres
・鉄道営業法	・Loi sur l'exploitation des chemins de fer
・電気通信事業法	・Loi sur les activités de télécommunications
・電波法	・Loi sur la radio
・盗犯等ノ防止及処分ニ関スル法律	・Loi sur la prévention et la répression du vol
・逃亡犯罪人引渡法	・Loi sur l'extradition
・道路運送車両法	・Loi sur les véhicules de transport routier
・道路交通法（道交法）	・Loi sur la circulation routière
・特殊開錠用具の所持の禁止等に関する法律	・Loi sur l'interdiction de la détention d'outils spéciaux de crochetage [forçage]
・特定商取引に関する法律	・Loi sur les transactions commerciales spéciales
・毒物及び劇物取締法（毒劇法）	・Loi sur le contrôle des substances toxiques et délétères (Loi sur les substances toxiques et délétères)
・都道府県条例	・règlements [arrêtés] préfectoraux

【な　行】

・成田国際空港の安全確保に関する緊急措置法	・Loi sur les mesures d'urgence concernant la sécurité de l'Aéroport international de Narita
・日本国憲法（憲法）	・Constitution du Japon
・日本国とアメリカ合衆国との間の相互協力及び安全保障条約第６条に基づく施設及び区域並びに日本国における合衆国軍隊の地位に関する協定の実施に伴う刑事特別法（刑特法）	・Loi criminelle spéciale sur la mise en application de l'accord au titre de l'article VI du Traité de coopération mutuelle et de sécurité entre le Japon et les États-Unis d'Amérique, concernant les installations et les zones et le statut des forces armées des États-Unis d'Amérique au Japon (Loi criminelle spéciale)

【は　行】

・廃棄物その他の物の投棄による海洋汚染の防止に関する条約	・Convention sur la prévention de la pollution des mers résultant de l'immersion de déchets
・廃棄物の処理及び清掃に関する法律（廃棄物処理法）	・Loi sur le traitement des déchets et le nettoyage public (Loi sur le traitement des déchets)
・配偶者からの暴力の防止及び被害者の保護に関する法律	・Loi sur la prévention de la violence conjugale et la protection des victimes
・売春防止法	・Loi anti-prostitution
・破壊活動防止法（破防法）	・Loi de prévention des activités subversives
・爆発物取締罰則	・Dispositions pénales pour le contrôle des explosifs

・罰金等臨時措置法	・Loi sur les mesures provisoires concernant les amendes, etc.
・犯罪収益に係る保全手続等に関する規則	・Règles sur les procédures conservatoires relatives au produit des activités criminelles
・犯罪捜査のための通信傍受に関する法律	・Loi sur les écoutes téléphoniques aux fins d'enquête criminelle
・犯罪被害財産等による被害回復給付金の支給に関する法律	・Loi relative aux paiements de réparations provenant des biens qui sont les produits de crimes [délits]
・犯罪被害者等の権利利益の保護を図るための刑事手続に付随する措置に関する法律（犯罪被害者等保護法）	・Loi sur les mesures annexes aux procédures criminelles pour la protection des droits et intérêts des victimes de crimes (Loi sur la protection des victimes de crimes)
・被疑者補償規程	・Règles sur l'indemnisation des suspects
・人の健康に係る公害犯罪の処罰に関する法律（公害罪法）	・Loi sur la répression des délits de pollution affectant la santé humaine (Loi sur les délits de pollution)
・風俗営業等の規制及び業務の適正化等に関する法律（風営法）	・Loi sur le contrôle et l'exploitation adéquate des activités de divertissement pour adultes (Loi sur les activités de divertissement pour adultes)
・武器等製造法	・Loi sur la fabrication d'armement
・不正競争防止法	・Loi de prévention de la concurrence déloyale

・法廷等の秩序維持に関する法律	・Loi sur le maintien de l'ordre dans les tribunaux
・暴力行為等処罰ニ関スル法律	・Loi sur la répression de la violence physique, etc.

【ま　行】

・麻薬及び向精神薬取締法（麻取法）	・Loi sur le contrôle des stupéfiants et des psychotropes (Loi sur le contrôle des stupéfiants)
・民事訴訟法	・Code de procédure civile
・民法	・Code civil
・モーターボート競走法	・Loi sur les compétitions motonautiques

【や　行】

・薬物犯罪等に係る保全手続等に関する規則	・Règles sur les procédures conservatoires relatives aux crimes [délits] liés à la drogue
・有線電気通信法	・Loi sur les télécommunications filaires
・郵便切手類模造等取締法	・Loi sur le contrôle de la contrefaçon des timbres postaux
・郵便法	・Loi sur la poste

【ら　行】

・領海及び接続水域に関する法律	・Loi sur la mer territoriale et la zone contiguë
・領事関係に関するウィーン条約	・Convention de Vienne sur les relations consulaires
・旅券法	・Loi sur les passeports

・労働基準法　・Code du travail

第 3 章　罪名

【あ　行】

・あへん煙吸食器具輸入（製造，販売，所持）罪	・importation (fabrication, vente, détention) d’articles pour la consommation d’opium à fumer
・あへん煙吸食罪	・consommation d’opium à fumer
・あへん煙吸食場所提供罪	・mise à disposition de lieux pour la consommation d’opium à fumer
・あへん煙等所持罪	・détention [possession] d’opium à fumer
・あへん煙輸入（製造，販売，所持）罪	・importation (fabrication, vente, détention) d’opium à fumer
・あへん法違反（所持，譲渡，譲受，使用，輸入）	・violation de [infraction à] la Loi sur l’opium à fumer (détention, transfert, réception, utilisation, importation)
・遺棄罪	・abandon ; délaissement
・遺棄等致死罪	・abandon ayant entraîné la mort ; homicide involontaire par abandon
・遺棄等致傷罪	・abandon ayant entraîné des blessures
・遺失物等横領罪	・appropriation [détournement] d'objet perdu
・威力業務妨害罪	・entrave aux activités économiques par usage de la force
・営利目的等被略取者収受罪	・acceptation pour des motifs financiers de la garde d’une personne enlevée
・営利目的等略取（誘拐）罪	・enlèvement pour des motifs financiers
・延焼罪	・propagation d’incendie

・往来危険罪	・mise en danger de la circulation
・往来危険による艦船転覆（沈没，破壊）罪	・mise en danger de la circulation par chavirement (submersion, destruction) de bateau
・往来危険による汽車転覆（破壊）罪	・mise en danger de la circulation par renversement (destruction) de train
・往来妨害罪	・entrave à la circulation
・往来妨害致死罪	・entrave à la circulation ayant entraîné la mort
・往来妨害致傷罪	・entrave à la circulation ayant entraîné des blessures
・横領罪	・appropriation ; détournement

【か　行】

・外国国章損壊（除去，汚損）罪	・destruction (enlèvement, dégradation) de drapeaux et autres emblèmes de pays étrangers
・外国人登録法違反（登録不申請）	・violation de [infraction à] la Loi sur l'enregistrement des nationaux étrangers (défaut de demande d'enregistrement)
・外国通貨偽造罪	・contrefaçon de monnaie étrangère
・覚醒剤取締法違反（所持，譲渡，譲受，使用，輸入）	・violation de [infraction à] la Loi sur le contrôle des drogues stimulantes (détention, transfert, réception, utilisation, importation)
・過失運転致死罪	・négligence [imprudence] dans la conduite

d'un véhicule ayant entraîné la mort

・過失運転致傷罪	・négligence [imprudence] dans la conduite d'un véhicule ayant entraîné des blessures
・過失往来危険罪	・mise en danger de la circulation par imprudence [négligence]
・過失激発物破裂罪	・destruction de biens par une explosion causée par imprudence [négligence]
・過失建造物等浸害罪	・inondation de bâtiments par imprudence [négligence]
・過失傷害罪	・blessures (physiques) causées par imprudence [négligence] ; coups et blessures involontaires
・過失致死罪	・imprudence [négligence] ayant entraîné la mort ; décès causé par imprudence [négligence]
・加重逃走罪	・délit de fuite aggravé
・加重封印等破棄罪	・destruction de sceaux aggravée
・ガス漏出罪	・provocation de fuite de gaz
・ガス漏出等致死罪	・provocation de fuite de gaz ayant entraîné la mort
・ガス漏出等致傷罪	・provocation de fuite de gaz ayant entraîné des blessures
・監禁罪	・séquestration
・監禁致死罪	・séquestration ayant entraîné la mort
・監禁致傷罪	・séquestration ayant entraîné des blessures
・監護者性交等罪	・abus sexuel sur un mineur par une

personne ayant sa garde

・監護者わいせつ罪	・outrage à la pudeur sur un mineur par une personne ayant sa garde
・艦船往来危険罪	・mise en danger du trafic maritime
・偽計業務妨害罪	・entrave aux activités économiques par des moyens frauduleux
・危険運転致死罪	・conduite dangereuse d'un véhicule ayant entraîné la mort
・危険運転致傷罪	・conduite dangereuse d'un véhicule ayant entraîné des blessures
・汽車転覆罪	・renversement de train
・汽車転覆等致死罪	・renversement de train ayant entraîné la mort
・偽証罪	・faux témoignage
・偽造外国通貨行使罪	・mise en circulation de fausse monnaie étrangère
・偽造公文書行使罪	・usage de documents publics falsifiés
・偽造私文書行使罪	・usage de documents privés falsifiés
・偽造通貨行使罪	・mise en circulation de fausse monnaie
・偽造通貨等収得罪	・acquisition de fausse monnaie
・偽造有価証券行使罪	・usage de titres [de valeurs mobilières] contrefaits
・器物損壊罪	・dommages au bien d'autrui
・境界損壊罪	・dommages à des limites foncières
・恐喝罪	・chantage ; extorsion
・凶器準備集合（結集）罪	・rassemblement armé illégal ; association de

bande armée

・強制執行関係売却妨害罪	・entrave à une vente liée à une exécution forcée
・強制執行行為妨害罪	・entrave à des actes d'exécution forcée
・強制執行妨害罪	・entrave à l'exécution forcée
・強制執行妨害目的財産現状改変罪	・modification à des biens dans un but d'entrave à l'exécution forcée
・強制執行妨害目的財産損壊（隠匿）罪	・dommages à des biens (dissimulation de biens) dans un but d'entrave à l'exécution forcée
・強制執行妨害目的財産無償譲渡罪	・cession gratuite de biens dans un but d'entrave à l'exécution forcée
・強制執行申立妨害目的暴行（脅迫）罪	・violences (menaces) dans un but d'entrave à une demande d'exécution forcée
・強制性交等罪	・relations sexuelles forcées [sous la contrainte]
・強制性交等致死罪	・relations sexuelles forcées ayant entraîné la mort
・強制性交等致傷罪	・relations sexuelles forcées ayant entraîné des blessures
・強制わいせつ罪	・outrage à la pudeur forcé [sous la contrainte]
・強制わいせつ致死罪	・outrage à la pudeur forcé ayant entraîné la mort
・強制わいせつ致傷罪	・outrage à la pudeur forcé ayant entraîné des blessures

- 脅迫罪 — menaces
- 業務上横領罪 — détournement [déprédation] dans l’exercice d’une fonction ; prévarication ; concussion
- 業務上過失往来危険罪 — mise en danger du trafic par négligence [imprudence] professionnelle
- 業務上過失激発物破裂罪 — destruction de biens par explosion causée par une négligence professionnelle
- 業務上過失致死罪 — homicide involontaire par imprudence professionnelle ; négligence professionnelle ayant entraîné la mort
- 業務上過失致傷罪 — coups et blessures involontaires par négligence professionnelle ; négligence professionnelle ayant entraîné des blessures
- 業務上失火罪 — incendie par négligence professionnelle
- 強要罪 — usage de la contrainte ; usage de la force
- 虚偽鑑定罪 — expertise frauduleuse
- 虚偽告訴罪 — plainte frauduleuse
- 虚偽診断書作成罪 — établissement de certificat médical frauduleux
- 激発物破裂罪 — destruction par explosion
- 現住建造物等放火罪 — incendie criminel [volontaire] d'un bâtiment habité
- 建造物侵入罪 — violation d’un bâtiment
- 建造物損壊罪 — dommages à un bâtiment

・建造物損壊致死罪	・dommages à un bâtiment ayant entraîné la mort ; homicide involontaire par dommages à un bâtiment
・建造物損壊致傷罪	・dommages à un bâtiment ayant entraîné des blessures ; coups et blessures involontaires par dommages à un bâtiment
・建造物等以外放火罪	・incendie criminel [volontaire] d'objets autres que des bâtiments
・公印偽造罪	・contrefaçon de sceau officiel
・公印不正使用罪	・usage illégal de sceau officiel
・強姦罪	・viol
・強姦致死罪	・viol ayant entraîné la mort
・強姦致傷罪	・viol ayant entraîné des blessures
・公記号偽造罪	・contrefaçon de marques officielles [symboles officiels]
・公記号不正使用罪	・usage illicite de marques officielles [symboles officiels]
・公契約関係競売等妨害罪	・entrave à une adjudication relative à un contrat public
・公正証書原本等不実記載罪	・inscription de fausses mentions dans un acte notarié
・公然わいせつ罪	・outrage public à la pudeur
・強盗強制性交等罪	・vol accompagné de violences ou de menaces avec relations sexuelles forcées [sous la contrainte]

・強盗強制性交等致死罪	・vol accompagné de violences ou de menaces avec relations sexuelles forcées ayant entraîné la mort
・強盗強姦罪	・vol accompagné de violences ou de menaces avec viol
・強盗強姦致死罪	・vol accompagné de violences ou de menaces avec viol ayant entraîné la mort
・強盗罪	・vol accompagné de violences ou de menaces
・強盗致死罪	・vol accompagné de violences ou de menaces ayant entraîné la mort
・強盗致傷罪	・vol accompagné de violences ou de menaces ayant entraîné des blessures physiques
・強盗予備罪	・préparation de vol accompagné de violences ou de menaces
・公務員職権濫用罪	・abus de pouvoir par un fonctionnaire [agent de service public]
・公務執行妨害罪	・entrave à l'exécution d'une mission publique
・公用文書毀棄罪	・destruction de documents publics [officiels]
・昏睡強盗罪	・vol accompagné de violences ou de menaces par provocation d'un état de léthargie [d'inconscience]

【さ　行】

・裁判員の参加する刑事裁判に関する法律違反	・violation de la Loi sur les procès criminels avec participation de *Saiban-in* [jurés populaires/juges non-professionnels]
（裁判員等に対する請託（情報提供）罪）	(sollicitation (fourniture d'informations) à un *Saiban-in* [juré populaire/juge non-professionnel], etc.)
（裁判員等に対する威迫罪）	(intimidation d'un *Saiban-in* [juré populaire/juge non-professionnel], etc.)
（裁判員等による秘密漏示罪）	(divulgation d'informations confidentielles par un *Saiban-in* [juré populaire/juge non-professionnel], etc.)
（裁判員の氏名等漏示罪）	(divulgation du nom, etc., d'un *Saiban-in* [juré populaire/juge non-professionnel])
（裁判員候補者による虚偽記載（陳述）罪）	(mentions (exposés) frauduleux faits par un candidat *Saiban-in* [juré populaire/juge non-professionnel])
・詐欺罪	・fraude ; escroquerie
・殺人罪	・meurtre ; homicide ; assassinat
・殺人予備罪	・préparation de meurtre [d'homicide]
・私印偽造罪	・contrefaçon de sceau privé
・私印不正使用罪	・usage illicite de sceau privé
・事後強盗罪	・vol assimilé par la loi à un vol accompagné de violences ou de menaces
・自殺関与罪	・participation à un suicide
・死体遺棄罪	・abandon de cadavre

・死体損壊罪	・atteinte à l’intégrité d’un cadavre
・失火罪	・incendie par négligence [imprudence]
・支払用カード電磁的記録不正作出罪	・création frauduleuse d’enregistrements électromagnétiques sur une carte de paiement
・重過失致死罪	・négligence [imprudence] grave ayant entraîné la mort ; homicide involontaire causé par une négligence grave
・重過失致傷罪	・négligence [imprudence] grave ayant entraîné des blessures ; coups et blessures involontaires causés par une négligence grave
・住居侵入罪	・effraction ; violation de domicile
・収得後知情行使（交付）罪	・mise en circulation (remise) de fausse monnaie avec connaissance du fait après l’acquisition
・銃砲刀剣類所持等取締法違反	・violation de [infraction à] la Loi sur le contrôle de la détention d'armes à feu et d'armes blanches
（けん銃実包譲渡）	(transfert d’arme à feu et de munitions)
（けん銃実包所持）	(détention d’arme à feu et de munitions)
（けん銃実包として輸入）	(importation d’objets en tant qu’arme à feu et munitions)
（けん銃実包輸入）	(importation d’arme à feu et de munitions)
（けん銃等加重所持）	(détention aggravée d’arme à feu)

（けん銃等譲渡）	(transfert d’arme à feu)
（けん銃等所持）	(détention d’arme à feu)
（けん銃等として輸入）	(importation d’objet en tant qu’arme à feu)
（けん銃等発射）	(tir à l’arme à feu)
（けん銃等輸入）	(importation d’arme à feu)
（けん銃部品として輸入）	(importation d’objet en tant que pièce d’arme à feu)
・出入国管理及び難民認定法違反	・violation de [infraction à] la Loi sur le contrôle de l'immigration et la reconnaissance des réfugiés
（営利目的等不法入国等援助）	(aide à l’entrée illégale au Japon pour des motifs financiers)
（寄港地上陸許可等の期間の経過）	(dépassement de la durée de séjour autorisée après débarquement dans un port de transit)
（収受等の予備）	(préparation à l’accueil de personnes entrées illégalement au Japon) ; (préparation à l’accueil de passagers clandestins au Japon)
（集団密航者の収受等）	(accueil de passagers clandestins)
（集団密航者を本邦に入らせ，又は上陸させる罪）	(organisation de l’entrée ou du débarquement de passagers clandestins au Japon)
（集団密航者を本邦に向けて輸送し，又は本邦内において上陸の場所に向け	(transport de passagers clandestins vers le Japon ou vers un lieu de débarquement au

て輸送する罪）	Japon)
（船舶等の準備及び提供）	(préparation ou fourniture de bateaux, etc.)
（不法在留）	(séjour illégal)
（不法残留）	(dépassement (illégal) de la durée de séjour autorisée)
（不法就労助長）	(facilitation de l'emploi d'un étranger en situation irrégulière)
（不法上陸）	(débarquement illégal)
（不法入国）	(entrée illégale)
（不法入国者等蔵匿隠避）	(recel ou aide à la fuite d'une personne entrée illégalement au Japon)
（旅券不携帯）	(non-possession de passeport [titre de voyage])
・準強制性交等罪	・quasi-relations sexuelles forcées [sous la contrainte]
・準強制わいせつ罪	・quasi-outrage à la pudeur forcé
・準強姦罪	・quasi-viol
・準詐欺罪	・quasi-escroquerie
・傷害罪	・blessures (physiques) ; coups et blessures ; lésions corporelles
・傷害致死罪	・blessures [coups et blessures] ayant entraîné la mort
・消火妨害罪	・entrave à la lutte contre l'incendie
・証拠隠滅罪	・suppression de preuves
・常習賭博罪	・jeu (d'argent, de hasard) à caractère

habituel

- 常習累犯窃盗罪 — vol à caractère habituel avec condamnations antérieures [récidive]
- 承諾殺人罪 — homicide [meurtre] avec l'accord de la victime
- 証人等威迫罪 — intimidation de témoin
- 私用文書毀棄罪 — destruction de document privé
- 嘱託殺人罪 — homicide [meurtre] commis sur demande
- 職務強要罪 — usage de la force ou de menaces à l'encontre d'un fonctionnaire [agent de service public] dans l'exercice de ses fonctions
- 所在国外移送目的略取罪 — enlèvement pour transfert dans un autre pays
- 信書隠匿罪 — dissimulation de correspondance
- 信書開封罪 — ouverture illicite de correspondance
- 人身売買罪 — trafic [traite] de personnes
- 信用毀損罪 — atteinte au crédit
- 窃盗罪 — vol (à la tire, à l'étalage, etc.)
- 騒乱罪 — troubles à l'ordre public ; sédition
- 贈賄罪 — corruption active

【た　行】

- 逮捕罪 — arrestation illégale
- 逮捕致死罪 — arrestation illégale ayant entraîné la mort
- 逮捕致傷罪 — arrestation illégale ayant entraîné des

blessures

・大麻取締法違反（所持，譲渡，譲受，使用，輸入）	・violation de [infraction à] la Loi sur le contrôle du cannabis (détention, transfert, réception, usage, importation)
・多衆不解散罪	・désobéissance à un ordre de dispersion ; refus de se disperser
・談合罪	・collusion entre soumissionnaires ; collusion dans le cadre d'un marché
・通貨偽造罪	・faux-monnayage
・通貨偽造等準備罪	・préparation au faux-monnayage
・電子計算機使用詐欺罪	・escroquerie informatique
・電子計算機損壊等業務妨害罪	・entrave aux activités par dommage au matériel informatique
・電磁的記録不正作出罪	・création frauduleuse d'enregistrements électromagnétiques
・電磁的公正証書原本不実記録罪	・fausses inscriptions sur l'original d'un acte notarié électromagnétique
・逃走援助罪	・aide à l'évasion
・逃走罪	・évasion
・盗品運搬（保管，有償譲受け，有償処分あっせん）罪	・transport d'objets volés (conservation, réception à titre onéreux, intermédiation à titre onéreux)
・盗品無償譲受け罪	・acceptation à titre gratuit d'objets volés
・動物傷害罪	・coups et blessures à des animaux
・特別公務員職権濫用罪	・abus de pouvoir par des fonctionnaires [agents de service public] spéciaux

・特別公務員職権濫用等致死罪	・abus de pouvoir par des fonctionnaires [agents de service public] spéciaux ayant entraîné la mort
・特別公務員職権濫用等致傷罪	・abus de pouvoir par des fonctionnaires [agents de service public] spéciaux ayant entraîné des blessures
・特別公務員暴行陵虐罪	・violences ou humiliations physiques ou morales par des fonctionnaires [agents de service public] spéciaux
・賭博罪	・jeu(x) d'argent ; jeu(x) de hasard
・賭博場開帳等図利罪	・exploitation d'un lieu de jeux d'argent pour des motifs financiers
・富くじ発売罪	・vente illicite de billets de loterie

【は　行】

・売春防止法違反（勧誘，客待ち）	・violation de la Loi anti-prostitution (racolage, attente de clients)
・背任罪	・abus de confiance ; abus de confiance criminel ; prévarication ; concussion
・犯人隠避罪	・assistance à l'évasion d'un criminel [malfaiteur, délinquant]
・犯人蔵匿罪	・recel de criminel [malfaiteur, délinquant]
・非現住建造物等放火罪	・incendie criminel [volontaire] d'un bâtiment inhabité
・被拘禁者奪取罪	・enlèvement d'une personne incarcérée
・秘密漏示罪	・divulgation illicite d'informations

	confidentielles
・被略取者引渡し（収受，輸送，蔵匿，隠避）罪	・remise (réception, transport, dissimulation, entrave à la découverte) d'une personne enlevée
・封印等破棄罪	・destruction de sceau
・不実記録電磁的公正証書原本供用罪	・mise en usage de l'original d'un acte notarié électromagnétique comportant de fausses inscriptions
・侮辱罪	・insulte ; outrage
・不正作出電磁的記録供用罪	・mise en usage d'enregistrements électromagnétiques créés frauduleusement
・不正指令電磁的記録供用罪	・mise en usage d'enregistrements électromagnétiques contenant des instructions frauduleuses
・不正指令電磁的記録作成（提供）罪	・création (offre) d'enregistrements électromagnétiques contenant des instructions frauduleuses
・不正指令電磁的記録取得（保管）罪	・obtention (conservation) d'enregistrements électromagnétiques contenant des instructions frauduleuses
・不正電磁的記録カード所持罪	・détention de carte contenant des enregistrements électromagnétiques frauduleux
・不退去罪	・refus d'obéissance à une demande d'évacuer un lieu

・不動産侵奪罪	・appropriation illégale de bien immobilier
・放火予備罪	・préparation d'incendie criminel [volontaire]
・暴行罪	・violences ; voies de fait ; agression
・保護責任者遺棄罪	・abandon [délaissement] par le responsable de la garde [le tuteur]
・保護責任者遺棄致死罪	・abandon [délaissement] par le responsable de la garde [le tuteur] ayant entraîné la mort
・保護責任者遺棄致傷罪	・abandon [délaissement] par le responsable de la garde [le tuteur] ayant entraîné des blessures

【ま　行】

・未成年者略取（誘拐）罪	・enlèvement de mineur
・身の代金目的被略取者収受罪	・garde d'une personne enlevée pour rançon
・身の代金目的略取罪	・enlèvement pour rançon
・身の代金目的略取等予備罪	・préparation d'un enlèvement pour rançon
・身の代金要求罪	・demande de rançon
・無印公文書偽造罪	・falsification [contrefaçon] de document public sans signature ou sceau
・無印私文書偽造罪	・falsification [contrefaçon] de document privé sans signature ou sceau
・名誉毀損罪	・diffamation

【や　行】

・有印公文書偽造罪	・falsification [contrefaçon] de document

public avec signature ou sceau

・有印私文書偽造罪　・falsification [contrefaçon] de document privé avec signature ou sceau

・有価証券偽造罪　・falsification [contrefaçon] de titres [de valeurs mobilières]

【わ　行】

・わいせつ物陳列（頒布，有償頒布目的所持）罪　・exposition (distribution, détention dans un but de distribution à titre onéreux) d'objets obscènes

・わいせつ電磁的記録記録媒体陳列（頒布，有償頒布目的所持）罪　・exposition (distribution, détention dans un but de distribution à titre onéreux) de supports d'enregistrements électromagnétiques obscènes

・わいせつ電磁的記録等送信頒布罪　・transmission et distribution d'enregistrements électromagnétiques obscènes

・わいせつ電磁的記録有償頒布目的保管罪　・conservation d'enregistrements électromagnétiques obscènes à des fins de distribution à titre onéreux

資料

証拠等関係カードの略語表（19ページ参照）

1，2…	第1回公判，第2回公判…〔「期日」欄のみ〕	捜押	捜索差押調書
前1，前2…	第1回公判前整理手続，第2回公判前整理手続…	記押	記録命令付差押調書
間1，間2…	第1回期日間整理手続，第2回期日間整理手続…	任	任意提出書
※1，※2…	証拠等関係カード（続）「※」欄の番号1，2…の記載に続く	領	領置調書
決定	証拠調べをする旨の決定	仮還	仮還付請書
済	取調べ済み	還	還付請書
裁	裁判官に対する供述調書	害	被害届，被害てん末書，被害始末書，被害上申書
検	検察官に対する供述調書	追害	追加被害届，追加被害てん末書，追加被害始末書，追加被害上申書
検取	検察官事務取扱検察事務官に対する供述調書	答	答申書
事	検察事務官に対する供述調書	質	質取てん末書，質取始末書，質受始末書，質取上申書，質受上申書
員	司法警察員に対する供述調書	買	買受始末書，買受上申書
巡	司法巡査に対する供述調書	始末	始末書
麻	麻薬取締官に対する供述調書	害確	被害品確認書，被害確認書
大	大蔵事務官に対する質問てん末書	放棄	所有権放棄書，電磁的記録に係る権利放棄書
財	財務事務官に対する質問てん末書	返還	協議返還書
郵	郵政監察官に対する供述調書	上	上申書
海	海上保安官に対する供述調書	報	捜査報告書，捜査状況報告書，捜査復命書
弁録	弁解録取書	発見	遺留品発見報告書，置去品発見報告書
逆送	家庭裁判所の検察官に対する送致決定書	現認	犯罪事実現認報告書
告訴	告訴状	写報	写真撮影報告書，現場写真撮影報告書
告調	告訴調書	交原	交通事件原票
告発	告発状，告発書	交原（報）	交通事件原票中の捜査報告書部分
自首	自首調書	交原（供）	交通事件原票中の供述書部分
通逮	通常逮捕手続書	検調	検証調書
緊逮	緊急逮捕手続書	実	実況見分調書
現逮	現行犯人逮捕手続書	捜照	捜査関係事項照会回答書，捜査関係事項照会書，捜査関係事項回答書
捜	捜索調書	免照	運転免許等の有無に関する照会結果書，運転免許等の有無に関する照会回答書，運転免許調査結果報告書
押	差押調書	速カ	速度違反認知カード

選　権	選挙権の有無に関する照会回答書	寄　附	贖罪寄附を受けたことの証明
診	診断書	嘆	嘆願書
治　照	交通事故受傷者の病状照会について，交通事故負傷者の治療状況照会，診療状況照会回答書，治療状況照会回答書	(謄)	謄本
検　視	検視調書	(抄)	抄本
死	死亡診断書，死体検案書	(検)	検察官
酒　カ	酒酔い酒気帯び鑑識カード	(検取)	検察官事務取扱検察事務官
鑑　嘱	鑑定嘱託書	(事)	検察事務官
鑑	鑑定書	(員)	司法警察員
電　話	電話聴取書，電話報告書	(巡)	司法巡査
身	身上照会回答書，身上調査照会回答書，身上調査票，身上調査回答	(大)	大蔵事務官
戸	戸籍謄本，戸籍抄本，戸籍（全部・一部・個人）事項証明書	(財)	財務事務官
戸　附	戸籍の附票の写し	(被)	被告人
登　記	不動産登記簿謄本，不動産登記簿抄本，登記（全部・一部）事項証明書		
商登記	商業登記簿謄本，商業登記簿抄本，登記（全部・一部）事項証明書		
指	指紋照会回答票，指紋照会書回答票，指紋照会書通知書，指紋照会回答，指紋照会書回答，指紋照会回答書		
現　指	現場指紋による被疑者確認回答書，現場指紋等確認報告書		
氏　照	氏名照会回答書，氏名照会票，氏名照会記録書		
前　科	前科調書，前科照会（回答）書，前科照会書回答		
前　歴	前歴照会（回答）書		
犯　歴	犯罪経歴回答書，犯罪経歴電話照会回答書		
外　調	外国人登録（出入国）記録調査書		
判	判決書謄本，判決書抄本，調書判決謄本，調書判決抄本		
決	決定書謄本，決定書抄本		
略	略式命令謄本，略式命令抄本		
示	示談書，和解書		
受	受領書，受領証，領収書，領収証，受取書，受取証		
現　受	現金書留受領証，現金書留引受証		
振　受	振込金兼手数料受領書，振込金受領書		

第一審手続概要

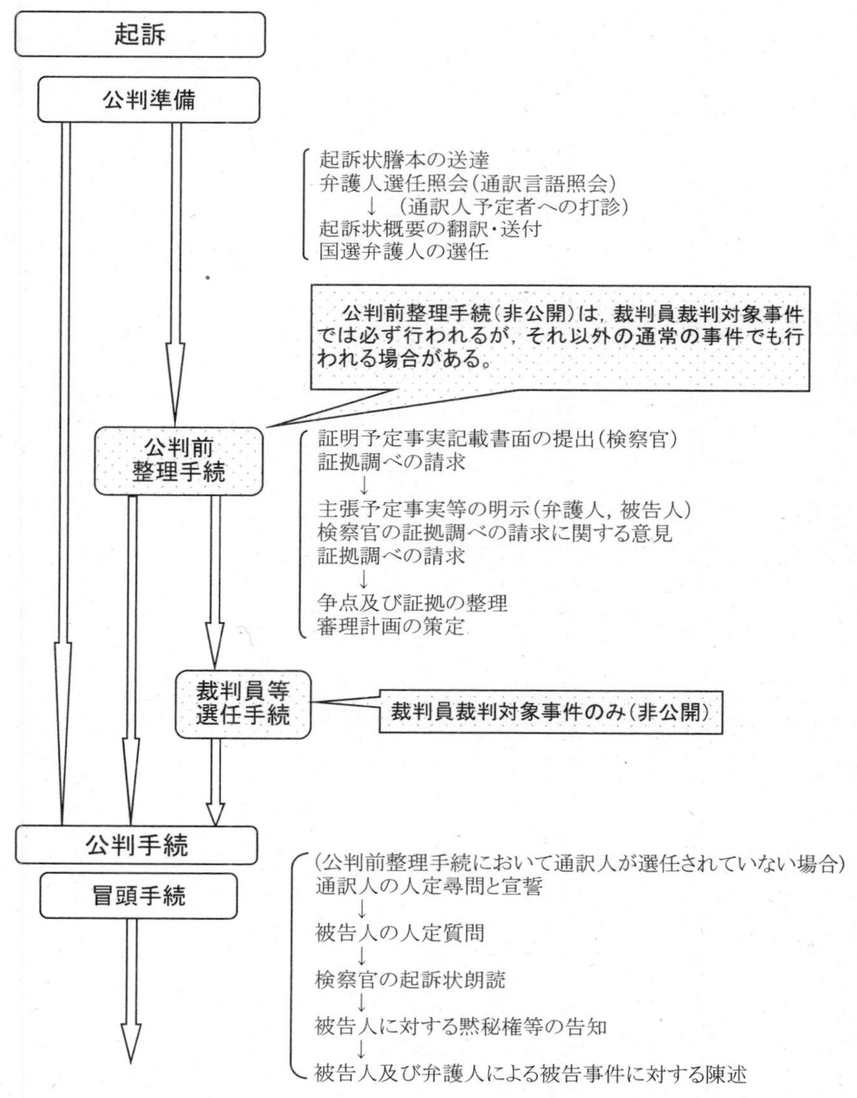
起訴
公判準備
起訴状謄本の送達
弁護人選任照会(通訳言語照会)
↓ (通訳人予定者への打診)
起訴状概要の翻訳・送付
国選弁護人の選任
公判前整理手続(非公開)は，裁判員裁判対象事件では必ず行われるが，それ以外の通常の事件でも行われる場合がある。
公判前整理手続
証明予定事実記載書面の提出(検察官)
証拠調べの請求
↓
主張予定事実等の明示(弁護人，被告人)
検察官の証拠調べの請求に関する意見
証拠調べの請求
↓
争点及び証拠の整理
審理計画の策定
裁判員等選任手続
裁判員裁判対象事件のみ(非公開)
公判手続
冒頭手続
(公判前整理手続において通訳人が選任されていない場合)
通訳人の人定尋問と宣誓
↓
被告人の人定質問
↓
検察官の起訴状朗読
↓
被告人に対する黙秘権等の告知
↓
被告人及び弁護人による被告事件に対する陳述

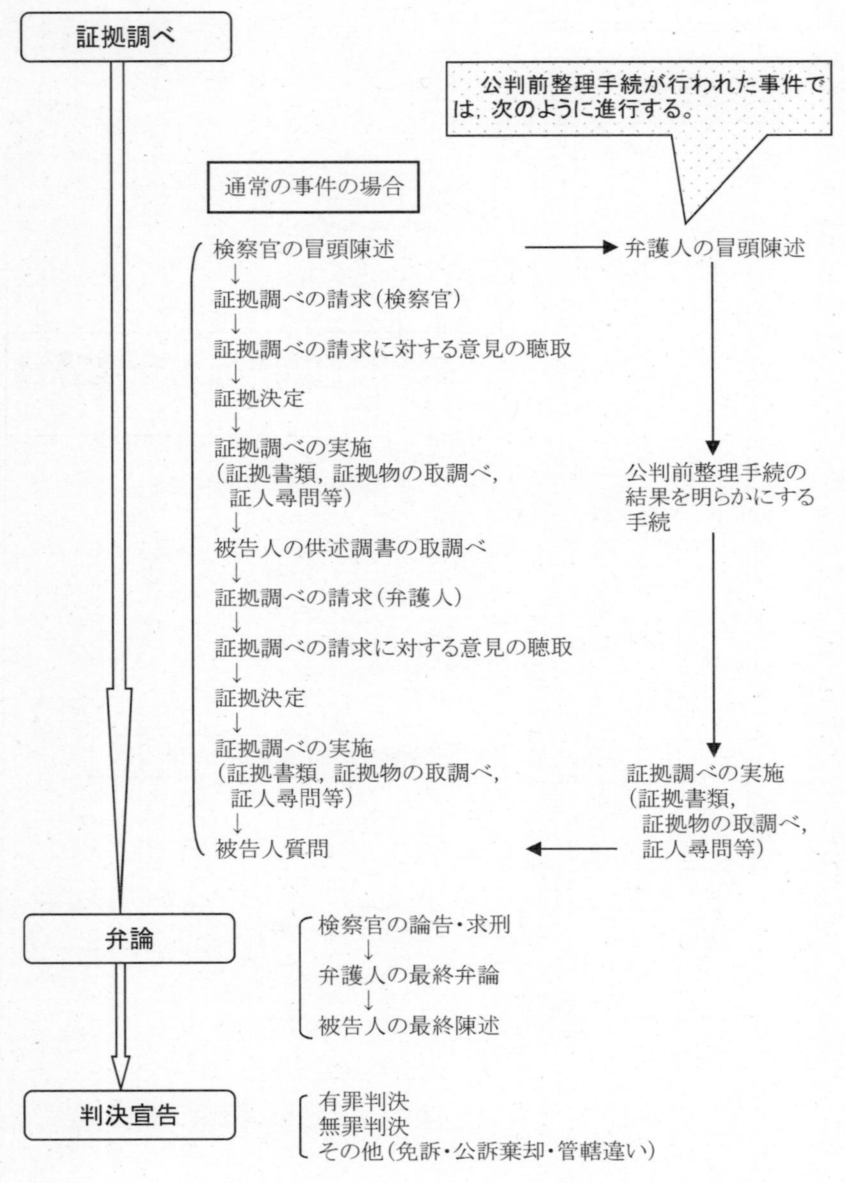
証拠調べ
公判前整理手続が行われた事件では，次のように進行する。
通常の事件の場合
検察官の冒頭陳述
↓
証拠調べの請求（検察官）
↓
証拠調べの請求に対する意見の聴取
↓
証拠決定
↓
証拠調べの実施
（証拠書類，証拠物の取調べ，
証人尋問等）
↓
被告人の供述調書の取調べ
↓
証拠調べの請求（弁護人）
↓
証拠調べの請求に対する意見の聴取
↓
証拠決定
↓
証拠調べの実施
（証拠書類，証拠物の取調べ，
証人尋問等）
↓
被告人質問
弁護人の冒頭陳述
公判前整理手続の
結果を明らかにする
手続
証拠調べの実施
（証拠書類，
証拠物の取調べ，
証人尋問等）
弁論
検察官の論告・求刑
↓
弁護人の最終弁論
↓
被告人の最終陳述
判決宣告
有罪判決
無罪判決
その他（免訴・公訴棄却・管轄違い）

控訴審手続概要

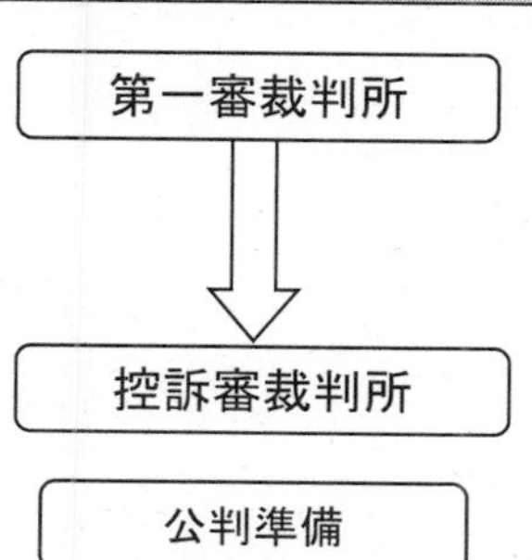

控訴申立て
↓
弁護人選任照会（高裁の依頼に基づく。）
↓
記録・証拠物の送付

控訴趣意書差出最終日の指定・通知
↓
国選弁護人の選任　（高裁によっては，上記指定より先に行っている。）
↓
控訴趣意書の提出及び相手方への謄本の送達
↓
（答弁書の提出）
↓
第1回公判期日の指定及び被告人の召喚
（高裁によっては，上記指定を控訴趣意書差出最終日の通知と同時に行っている。）

通訳人の人定尋問と宣誓
↓
被告人の人定質問
↓
（黙秘権の告知）
↓
控訴趣意書に基づく弁論
↓
控訴趣意書に対する相手方の意見
↓
（事実の取調べ）
↓
（事実の取調べの結果に基づく弁論）

控訴棄却
原判決破棄（差戻し・移送・自判）

法廷通訳ハンドブック　実践編
【フランス語】

書籍番号 500310

令和３年６月10日　第１版第１刷発行

監　修　最高裁判所事務総局刑事局

発行人　門　田　友　昌

発行所　一般財団法人　法　曹　会

〒100－0013　東京都千代田区霞が関1-1-1
振替口座　00120－0－15670
電　話　03－3581－2146
http://www.hosokai.or.jp/

落丁・乱丁はお取替えいたします。

印刷製本／㈱白樺写真工芸

ISBN 978-4-86684-071-0

本誌は再生紙を使用しています。